위기관리총서 시리즈

01

스트레스의 이해와 개입

현장에서의 위기개입워크북

육성필

김경아

박영story

서 문

나는 병원에서 수련받은 임상심리학자로서 정신건강서비스 제공자의 역할을 시작했지만 자살을 포함한 다양한 유형의 위기를 접하게 되면서 위기관리에 관심을 갖고 위기와 관련된 다양한 교육, 연구, 프로그램 및 정책개발 등의 노력을 하게 되었다. 그동안 개별적으로 위기에 대한 학문적 관심에 따라 위기에 대한 연구를 하는 경우가 있었지만 개인의 관심에 따라 단편적 일회적인 경우가 많았다. 이로 인해 위기관리를 체계적이고 종합적으로 접근하는 데는 많은 한계가 있었다. 위기의 심각성과 위기관리의 필요성을 절감하고 이러한 한계를 극복하기 위해 대학교에 전공으로 위기관리를 개설하였다. 위기관리전문가를 양성하고 있는 곳은 우리 학교가 세계최초이다. 위기관리전공 교수로서 많은 연구를 하고 전문가양성을 하면서 얻은 교훈 중의 하나는 개인이든 집단이든 평상시 자신의 역량이나 대처범위를 넘어서는 어려움에 노출되면 위기에 처하게 된다는 것이다. 대부분의 사람들은 자신이나 자기 주변에는 위기가 없을 것이라 믿는다. 하지만 위기는 우리들의 의지나 선택 밖의 일이다. 위기관리를 전공하는 나에게는 매일매일이 위기사건으로 넘쳐난다. 이런 나에게 어느 날 일면식도 없는 소방관이 "자살하려는 사람을 포함해서 위기사건이 발생하면 출동하게 되는데 어느 날인가부터 '단순히 현장에 출동해서 구급차에 위기에 처한 사람을 싣고 병원에 데려다 주는 것이 자신이 해야 되는 역할의 다인가? 아니면 위기출동현장에서 자신이 더 해야 되는 일이 있는 것은 아닌가?'"라고 물어왔다. 특히, 현장에 가장 먼저 출동하게 되는 자신이 위기에 처한 사람에게 현장에서 혹은 이송과정에서 무엇을 어떻게 해야 되는지에 대한 지침이 있다면 많은 도움이 될 것 같다는 하소연을 했다. 이 말을 들은 것이 이번에 출판하는 위기관리총서인 "현장에서의 위기개입매뉴얼과 워크북"을 만들겠다는 생각을 하게 한 계기였다. 이전에는 위기개입을 해야 하는 현장의 위기개입자들이 당연히 자신의 역할을 수행하고 있다는 생각만 했지 위기에 처한 사람을 위한 보다 낫고 훨씬 전문적인 서비스를 제공하려는 욕구가 있다는 것을 알지 못했던 것이다. 또한 이들을 위한 전문적 지지나 훈련이 있어야 한다는 생각을 하지 않았다.

위기개입자 혹은 정신건강서비스제공자는 도움이 필요한 곳에 가장 먼저 출동하여 적절한 서비스를 제공해야 한다. 위기개입자는 현장에서 위기에 처한 사람들의 욕구와 문제의 심각성을 가장 빠르고 정확하게 파악하여 위기에 처한 사람들의 안전과 행복을 최우선으로 확보해야 한다. 실제 위기개입자들이 위기현장에 출동하거나 도움을 요청받았을 때 무엇을 어떻게 해야 하는지 판단이 되지 않아 당황하는 경우가 종종 있다. 또한, 실제 경력이 많고 현장의 베테랑이어서 별 어려움 없이 위기현장에 대한 통제권을 확보하고 위기개입활동을 하고는 있지만 자신들의 위기개입활동이 제대로 된 것인지, 전문적인 것인지에 대한 확신이 없어 힘들어하기도 한다. 하지만 위기현장에서 활동하는 위기개입자가 자신들이 제공하는 서비스에 대한 자신이 없어 하거나 불안해 하면 위기에 처한 사람에게 미치는 부정적인 영향을 엄청나게 크고 생명을 잃게 할 수도 있다. 그러므로 위기개입자들에게는 위기현장에 출동하여 위기에 처한 사람들의 욕구를 빠르게 확인하고 당장의 위기를 해소시킬 수 있는 능력이 요구된다. 이처럼 힘들고 급박한 위기개입현장의 특성을 고려하여 경찰관이나 소방관들에게 정신건강과 도움을 청한 사람들과의 관계형성이나 대화 등에 대한 교육과 훈련을 시킨 후 업무수행을 평가했더니 위기개입을 하는 당사자들의 업무수행에 대한 자신감과 유능감이 증가한 것은 물론 위기개입서비스를 받은 시민, 특히 위기에 처한 사람들의 회복이나 안정감이 훨씬 좋아졌다는 선행연구들이 많다. 이러한 현실과 연구결과를 고려하여 이제는 위기개입자가 현장에서의 위기개입을 보다 전문적이고 체계적으로 할 수 있도록 관심을 갖고 도와주는 것이 필요하다. 지금도 위기현장에서 위기개입서비스를 하고 있는 위기개입자들이 위기개입에 대한 자신감과 자긍심을 갖도록 하는 노력이 요구된다.

저자가 많은 문헌연구, 외국 및 국내의 현장방문, 현장의 실무자와의 만남을 계속하면서 위기현장에 출동한 인력이 가장 초기에 적절한 서비스를 위기에 처한 사람이나 조직에 제공한다면 위기가 더 이상 악화되지 않고 위기가 해소되는 것은 물론 위기를 경험한 사람들이 건강한 일상생활을 영위할 수 있도록 도와줄 수 있을 것이라는 확신을 하게 되었다. 이러한 확신을 바탕으로 현장의 위기개입자들의 위기개입에 대한 전문성과 현장에서의 대응능력을 높이는 데 도움이 될 수 있는 "현장에서의 위기개입매뉴얼과 워크북"을 만들었다.

저자와 동료들이 "현장에서의 위기개입매뉴얼과 워크북"을 만들기 위한 집필위원회를 만들고 작업을 시작했지만 위기의 유형과 현장이 너무 다양하고 각각의 상황에서 필요한 위기개입서비스의 내용과 종류도 많아서 주제를 설정하고 포함되어야 하는 내용을 결정하는 작업자체도 집필진에게는 위기였다. 그중에서도 위기관리의 업무영역과 업무의 한계를 정하는 것이 가장 힘든 일이었다. 일반적으로 정신건강서비스제공 관련전문가들은 위기에 처한 사람들에게 치료나 상담을 제공하는 것을 주요 역할이라고 생각한다. 하지만 실제 위기관리에서는 관리라는 말자체가 의미하듯이 위기에 처한 사람의 위험성과 상태를 빨리 평가하고 확인하여 위기에 처한 사람들에게 가장 필요한 서비스가 제공되도록 도와주는 역할이 가장 중요하다. 다시 말하면 위기관리는 위기개입시 위기에 처한 사람이나 조직의 욕구와 위험성을 가장 먼저 평가하여 위기에 처한 사람들의 물리적 안전을 확보하는 것을 가장 최우선으로 한다. 이러한 위기관리에 의해 일단 위기상황이 안정화된 후 보다 추가적이고 전문적인 서비스가 필요하다면 그때서야 일반적으로 말하는 치료나 상담이 이루어지게 된다. 따라서 위기현장에서 위기개입자에게는 전문적인 상담자의 역할이 아닌 심리적 응급처치자(psychological first aid)로서의 역할이 요구된다. 이와 같은 일반적인 심리서비스와 위기관리의 위기개입서비스의 차이를 반영하여 "현장에서의 위기개입매뉴얼과 워크북"에서는 위기개입자의 의뢰에 의해 전문가에 의한 본격적인 서비스가 제공되기 전까지의 활동을 위기개입자의 역할로 한정하였다. 물론 위기개입자가 전문적인 심리 상담이나 치료까지 할 수 있으면 더욱 이상적일 수 있다. 다시 강조하지만 위기개입현장에서는 본격적인 상담이나 치료를 시작하지 말고 위기에 처한 사람의 현재 상태를 즉각적이고 정확하게 평가하고 필요한 서비스를 확인하는 작업이 우선되어야 한다.

"현장에서의 위기개입매뉴얼과 워크북"은 3번의 워크숍에서 얻은 참가자와 진행자들의 경험과 충고를 충분히 반영하고 집필위원회의 의견을 종합하여 수정 보완한 내용들로 구성하였다. 수차례의 회의와 고민을 통해 최종적으로 "현장에서의 위기개입매뉴얼과 워크북"은 윤리와 가이드라인, 스트레스, 위기, 자살, 범죄피해, 성폭력과 가정폭력, 재난, 애도, 심리소진 등의 영역으로 구분하였다. 주제와 영역을 나누는 과정에서 가정폭력과 성폭력도 범죄에 해당되어 초기에는 범죄 영역에서 다루려 했지만 가정폭력과 성폭력은 실제 임상장면에서 자주 접하고 점점 증가하고 있어 독립하여 구성하였다. "현장에서의 위기개입매뉴얼과 워크북"은 일반시민들을 위한 책이 아니고 위기현장에서 구호활동이나 위기개입 서비스를 제공하는 경찰관, 소방관, 정신건강관련업무종사자(심리, 사회복지, 간호, 의학, 법률 및 행정 등의 정신건강관련 업무를 수행하는 분)들이 현장에서 직면에게 되는 위기의 내용과 특성에 가장 적합한 면담, 평가, 개입과 의뢰를 가장 효율적으로 수행할 수 있도록 교육하고 훈련시키는 내용으로 구성되어 있다. 이러한 의도를 반영하여 구성한 매뉴얼과 워크북을 적절히 사용하여 교육과 훈련을 받는다면 위기개입자로서 다양한 사건과 현장을 접했을 때 위기에 처한 사람에게 가장 적절하고 효과적인 서비스를 제공했으면 한다. 동시에 이를 통해 위기개입자의 전문성과 능력에 대한 자신감을 갖고 위기개입자들의 정신건강증진에도 도움이 되었으면 한다. 추가로 매뉴얼과 워크북에 제시되는 모든 사례는 교육과 훈련을 위해 구성되었다.

이번의 "현장에서의 위기개입매뉴얼과 워크북" 출판은 우리나라에서는 처음으로 기획하고 추진한 방대한 작업이어서 많은 부담을 느끼고 더 세밀하고 꼼꼼하게 정성을 기울여 자료수집단계부터 교정과 수정과정을 진행하였다. 나름대로 최선을 다하고 도움이 될 수 있도록 노력했지만 부족한 부분도 있을 것이고 오류가 있을 수도 있을 것이다. 이와 관련된 것은 전적으로 책임저자인 나의 몫이다. 사람과 함께 하는 일을 한지 벌써 30년 이상의 시간이 흘렀고 시간이 흐르는 동안 학부생으로서의 나와 지금의 나와는 엄청나게 많이 달라졌다. 하지만 점점 강해져가고 분명해지는 것은 나와 함께 같은 곳을 보고 있는 사람들이 있고 함께 하는 이들의 수고와 노력이 나에게는 가장 큰 자산이고 자원이라는 것이다. 매일매일이 모여서 우리의 삶을 이루지만 우리는 많은 사람들의 도움과 지지를 받고 힘을 얻어 우리는 또 다른 하루를 시작한다. 하지만 우리는 하루를 살아내는 우리와 주변 사람들의 수고와 지지가 있음을 잊고 산다. 힘들고 어려운 일은 어느 날 불현 듯 우리에게 다가온다. 그래서 우리에게는 오늘의 삶, 지금의 삶이 소중하다. 이러한 생각에 기초해서 나는 오늘의 내가 있도록 함께 해준 많은 사람들에 대한 고마움을 지금 전달한다.

"현장에서의 위기개입매뉴얼과 워크북"을 출판하는 과정에서 치열한 고민과 토론을 하면서 같이 고민해 준 워크숍 참가자, 현장의 실무자, 졸업생, 학생들이 있었다. 만약 이들의 헌신과 희생이 없었다면 "현장에서의 위기개입메뉴얼과 워크북"을 출판하는 것은 불가능했을 것이다. 힘들고 어려운 작업임에도 불구하고 위기에 처한 사람들은 물론 위기개입자들에게 조금이라고 도움이 되었으면 하는 마음에 의기투합하고 함께 한 많은 분들에게 진심으로 감사하고 고마움을 전한다.

아직은 사회적으로 큰 전공이 아니어도 위기관리에 관심을 갖고 위기에 처한 사람들을 위해 연구와 실천을 하고 있는 위기관리전공생 여러분들이 있어 행복하고 또 다른 도전을 시작할 수 있는 용기를 주어서 고맙다. 그리고 위기관리에 관심을 갖고 계신 많은 분들께도 고마움을 전달하고 많은 교육, 훈련과 강의 현장에서 나와 만났던 수많은 분들께도 감사드린다.

현장에서의 위기개입매뉴얼 8권, 워크북 8권 총 16권의 위기개입총서의 출판을 기꺼이 허락해주고 지원해주신 박영사의 안종만 대표께 감사드린다. 특히 출판을 전체적으로 조율하고 계속 소통하며 보다 좋은 책이 될 수 있도록 도와주신 노현 이사님과 초고, 재고, 삼고의 어려운 작업과 까다로운 집필진의 요구를 최대로 반영해주시고 바쁜 와중에도 꼼꼼하게 검토해주시고 확인해주신 강민정 선생님께는 더욱 더 깊은 감사의 마음을 전한다. 다시 한번 지금도 위기관리에 관심을 갖고 사람에 대한 진실한 사랑과 믿음으로 묵묵히 연구하고 현장에서 헌신하고 있는 졸업생들과 재학생들이 있어 우리는 외롭지 않을 것이고 우리들이 있어 세상은 더 행복해질 것이라 믿는다.

특별히 지금도 아무도 가지 않은 외롭고 낯선 길을 용기 있게 개척할 수 있도록 전적으로 믿어주고 함께 하며 나를 최고로 알고 지원해준 나의 가족인 이혜선 박사와 두 아들에게는 사랑의 마음과 진심으로 미안하고 고마운 마음을 전한다.

2019년 2월

책임저자 육성필

차 례

위기관리총서 시리즈 1

현장에서의 위기개입워크북

스트레스의 이해와 개입

스트레스 이해

1. 스트레스의 정의

오늘날 스트레스라는 단어는 우리가 일상생활 속에서 겪는 불쾌한 경험과 사소한 골칫거리들에서부터 사람들이 경험하고 싶지 않은 일들과 현대인이 겪는 무수한 질병과 관련되어 나타나는 심각한 상태를 의미하는 등 매우 폭넓게 사용되고 있다. 모든 것이 빠른 속도로 끊임없이 변화하는 현대사회에서 사람들은 스트레스를 유발하는 특정 사건뿐만 아니라 일상생활 속에서 만성적인 압박감을 느끼고, 안녕감을 위협받으며 다양한 질환과 어려움에 시달리고 있다.

스트레스는 "세계적인 신종 전염병이다(국제 노동기구, ILO: International Labor Organization)."라고 할 정도로 현대인의 삶은 각종 스트레스로 인해 심신의 건강에 심각한 위협을 받고 있다. 이처럼 일상생활 속에서 경험하게 되는 스트레스로 인해 '스트레스성 질환'을 앓고 있는 사람들이 급증하고 있으며 심각한 경우에는 자살을 비롯한 위기상태에 처하기도 한다. 국민 삶의 지표를 보면 우리나라 국민의 70%가 지난 2주 동안 일상생활에서 스트레스를 느꼈다고 응답하였다. 이러한 결과는 2008년의 60.4%에서 무려 10%가 상승한 것이다(통계청, 2012). 미국의 경우 의사를 찾는 환자의 80%가 스트레스와 관련된 질병을 앓고 있다고 보고되며, 스트레스 관련 질환의 경제적 비용을 연간 200억 달러 이상으로 추정하고 있다(McEwen & Lasley, 2002). 이처럼 스트레스는 개인은 물론 국가적으로도 많은 부담과 어려움을 초래하고 있다.

일반적으로 살아가면서 직무, 육아, 건강, 학업, 빚 등 우리가 직면한 문제를 묘사하기 위한 표현으로 스트레스가 사용되기도 하지만, 스트레스라는 단어는 때로 심리적 불편감이나 생리적 반응과 같은 우리 내면이나 신체적 변화를 나타내기도 한다. 또한 짜증스럽고 자질구레한 일상의 어려움을 설명하기 위해 쓰이기도 하지만 외상 후 스트레스 장애, 불안장애처럼 심각한 심리적 문제를 간단히 표현할 때 사용되기도 한다. 이렇게 본다면 가족 부양에 대한 부담감, 직장에서 받는 극도의 피로감, 일상의 혼란, 정신적 외상과 같은 우리 삶의 많은 부분을 설명하기 위해 스트레스가 포괄적으로 사용할 수 있기 때문에 우리 삶은 스트레스 덩어리라고 할 수도 있을 것이다.

과거 스트레스의 개념은 일반적으로 삶의 시련과 고난을 의미하는 것으로 뭔가 외적인 것을 나타내고 수동적으로 스트레스를 받는 것으로 여겨지며, 스트레스가 개인의 안녕에 위험이나 위협으로 지각한 상황에서 경험하는 불쾌한 정서 상태나 신체적 각성상태로 정의되어 왔다(Baqutayan, 2015). 한편으로는 스트레스를 우리가 살아가면서 받는 모든 종류의 자극과 반응으로 우리가 중요시 여기는 대상이 위태롭거나 위협적으로 느껴질 때 발생하는 것으로 볼 수 있다. 최근에는 이러한 자극에 대한 사고방식을 적극적으로 전환하여 스트레스로 위협받기보다 도전하는 반응을 통해 스트레스의 에너지를 활용할 수 있다는 의견도 제기되고 있다. 이처럼 스트레스에 대한 연구가 다양해지고 스트레스의 의미가 폭넓게 사용되면서 시대별로 스트레스에 대한 개념과 이해가 조금씩 다르다.

따라서 현대인이 겪는 스트레스를 좀 더 다각적으로 이해하는 것이 필요하다. 이를 위해 본 워크북에서 다룰 내용을 간략히 정리하면 다음과 같다.

- **스트레스는 나쁜 것인가? 스트레스는 피하거나 무시해야 하는 것인가?**

: 스트레스는 우리 삶에서 중요한 것을 강조한다. 삶을 그냥 살아내는 것이 아니라 좀 더 의미 있고 가치 있는 삶을 살기 위해 우리에게 신호를 보내는 것이다. 인간은 성장을 통해 행복을 느낀다. 스트레스 자극을 통해 우리는 끊임없이 성장하고 변화하며 스트레스는 그 기회를 제공한다.

■ **스트레스를 느끼면 문제가 있는 것인가?**

: 스트레스를 자각할 때 무엇인가 할 수 있다. 스트레스는 생존을 유지하기 위해 대체로 부정적 감정을 유발한다. 이러한 부정적 감정은 긍정적 감정보다 더 강하게 느끼고 기억 속에서 쉽게 꺼낼 수 있다. 하지만 무조건 억압하고 신호를 알아차리지 못하면 부정적 감정이 저절로 없어지거나 희미해지기 보다는 점점 더 스트레스에 시달리게 되고 마침내 스트레스에 압도되어 좀 더 쉽고 간단히 선택할 수 있는 기회를 놓치게 된다.

■ **작고 사소한 스트레스 원(源) 지나치지 않기**

: 주요하고 피할 수 없는 스트레스는 스스로 알아차릴 수 있고 사회적 지지를 받을 수 있다. 하지만 일상에서 발생하는 모호하고 애매한 자극들은 알아차리지 못한 채, 혹은 흘려버리면서 좀 더 쉽고 효과적으로 반응할 수 있는 기회들을 놓쳐버린다.

■ **현대인이 느끼는 스트레스 원의 특징을 이해하기**

: 실제의 위험보다 지각된 위험으로 인해 시달리는 경향이 있다. 즉, 구체적이고 가시적이기 보다 상상과 기억으로 스트레스를 만들어내고 즉각적으로 해결될 수 없는 지속적이고 반복적인 스트레스 경험을 많이 한다.

■ **누적된 스트레스의 심각성**

: 장기간 반복적으로 경험된 스트레스는 우리 신체 각성 수준을 변화시켜 반응역치가 내려가게 된다. 결과적으로 스트레스에 대한 민감성이 높아져 쉽게 영향을 받고 더 많은 스트레스에 시달리고 적절히 반응하는 능력이

감소된다.

■ **스트레스는 주위 사람들에게 영향을 준다.**

: 스트레스 원은 홀로 존재하지 않는다. 사람들은 일방적으로 스트레스를 받기만 하는 수동적인 것이 아니라, 다른 사람들에게 스트레스로 인한 영향을 주기도 한다. 스트레스는 서로 상호작용을 통해 존재하고 나아가 상승작용을 일으킨다. 타인의 높은 스트레스 상태가 나의 스트레스 원이 되어 자극할 수 있다. 반대로 나의 스트레스가 주변 가족에게 영향을 줄 수 있다. 자신뿐만 아니라 사랑하는 어린 자녀와 가족을 위해서도 스트레스로부터 자유로워지기 위한 선택을 하는 것이 중요하다.

■ **스트레스 반응을 선택할 수 있는 자원이 우리에게 내재되어 있다(사고 뇌).**

: 스트레스 원에 대한 우리의 반응은 우리의 태도와 신념을 바탕으로 평가하고, 우리 신체와 정서적 스트레스 반응은 매우 자동적이고 충동적이다. 평소에 스트레스 반응을 의도적으로 선택하는 연습을 꾸준히 하면서 우리는 스트레스에 효과적으로 반응하는 방법을 학습하고 계발할 수 있다.

■ **자신의 스트레스 수준과 통제수준을 확인하는 것만으로도 스트레스에서 자유로워질 수 있다.**

: 나와 스트레스를 분리시키는 것만으로도 스트레스에 대해 새로운 반응을 선택할 수 있다. 평소에 나의 스트레스 수준을 알아차리는 일은 상황과 맥락에 맞게 적절한 전략을 취하고 유연하게 대응할 능력을 키우는 기본 바탕이 된다.

■ **스트레스에서 자유로운 상태를 적극적으로 경험하기**

: 스트레스가 없는 상태는 단지 이완되거나 수면상태가 아니다. 스트레스를 경험하지 않을 때 우리는 편안하면서도 생생한 활력을 느낀다. 스트레스가 없다는 것은 무엇인가 유쾌하게 즐길 수 있는 통제를 하고 있다는 적극

적 느낌이다. 이러한 긍정적 경험은 강렬하기 어렵고 쉽게 잊혀진다. 행복은 강도가 아니라 빈도라는 말이 있다. 적극적으로 자신에게 맞는 긍정적 경험을 가능한 한 많이 가질 수 있도록 노력하는 것이 필요하다.

■ **가장 쉽고 간단한 것이 중요한 것이다.**

: 평소에 스트레스에 관심을 가지고 뇌를 활용하는 방법을 꾸준히 실행하는 것이 중요하다. 매우 쉽다고 해서 중요하지 않은 것이 아니다. 스트레스를 적절히 다룰 수 있도록 평소 일상에서 반복적이고 꾸준한 연습을 통해 우리는 스트레스 상황에서 선택적인 반응을 할 수 있는 삶의 기술을 학습하고 스트레스가 자연스럽게 내 삶의 일부가 되면, 평소보다 심하고 강력한 스트레스에 노출되어도 중심을 잃지 않고 자신의 삶이 원하는 방향으로 나아갈 수 있다.

■ **자신의 삶에서 중요한 것을 끊임없이 탐색하고 정체성을 찾아 깊어지기**

: 스트레스는 삶에서 일어나는 수많은 어려움과 고통이다. 생명이 유지되는 한 이러한 고통은 삶의 일부이고 우리의 성장을 위해 필요한 요소이다. 매 순간의 어려움과 고통을 적절히 받아들이기 위해서는 사소한 갈등이나 문젯거리에 집착하기보다 삶의 목표와 지향점을 기억하면서 깊이 있는 삶을 살도록 노력하는 것이 필요하다. 자기 자신이 되고 싶은 사람은 스트레스 반응을 경험할 때마다 한 걸음 물러설 수 있고, 자신이 특정상황에서 자동 반응을 할 필요가 없다는 것을 안다.

■ **스트레스를 입체적(시간: 발달과정 고려, 공간: 사회문화적 특성)으로 이해하기**

: 스트레스는 인간의 발달과정 중에 공통적으로 나타나기도 하지만 사회문화적으로 전혀 다른 것이 주요한 스트레스 원이 될 수 있기 때문에 스트레스에 대한 반응이 다를 수 있다. 이와 같이 스트레스를 개인의 문제로만 이해하기보다 사람들이 보편적으로 겪는 어려움으로 이해하는 유연한 시각이 필

요하다.

1) 공학적 의미

웹스터 영어 사전에서는 스트레스를 '긴장 혹은 긴장하게 하는 힘', 즉 신체에 가해져서 긴장하게 하거나 그 형태를 변화시키는 힘으로 통상 1제곱인치 당 가해지는 무게를 말한다. 이러한 공학적 의미의 압력과 부적인 영향을 인간의 삶에 적용해보면 삶이 우리에게 가하는 압력이면서 동시에 이 압력을 우리가 느끼는 방식을 말한다. 옥스퍼드 사전에서는 스트레스를 고난, 역경, 괴로움으로 정의하고 중세 불어인 고통(destresse)에서 파생되었으며 이것은 라틴어 strictus('compressed')에서 나왔다고 한다. 스트레스라는 용어가 처음 등장한 14세기경에는 고난이나 역경의 의미를 내포하였으며 시인 브룬(Brunne)이 자신의 시에서 스트레스를 고통과 동일한 의미로 사용하였다(Lehrer, Woolfolk, & Sim, 2007).

2) 의학적 의미

(1) 월터 캐넌(Walter Cannon, 1871~1945)

스트레스에 의학적 의미를 부여한 최초의 과학자는 월터 캐넌으로 그의 저서 '몸의 지혜(The wisdom of the body)'에서 투쟁-도피 반응(fight-flight)을 소개하였다. Cannon에 따르면 위협을 느낄 때 동물들은 아드레날린을 분출하고 교감신경이 활성화된다. 심장이 뛰고 호흡이 가빠지며 근육이 긴장하여 행동에 들어갈 준비를 하는 대신 소화기능을 비롯해 다른 일상적 신체기능은 느려지거나 정지하는 반응하는 것으로 보는 투쟁-도피이론을 통해 위협적인 상황에 적절히 반응하고 변화에 대처하도록 도와주는 인간의 생존을 위한 본능적인 신체 메커니즘을 설명하였다.

Cannon에 의해 스트레스로 인한 신체의 산소부족, 저혈당을 일으킬 수 있는 물리적 상태와 같은 스트레스의 공학적 개념과 함께 스트레스가 오늘날 우리가 사용하는 의미와 유사하게 스트레스에 정서적 의미가 포함된 용어로 처음 사용되기 시작하였다. Cannon은 정서적 자극과 항상성 사이의 연결 관계를 연구하면서 정서적 스트레스를 포함한 신체활동을 교란시킬 수 있는 모든 요인을 고려할 것을 제안하였고 치명적인 스트레스는 신체의 항상성을 압도하여 과부하를 일으킬 수 있음을 제시하였다(Lehrer et al., 2007). Cannon은 '부두교 사망'현상을 설명하면서 신체와 마음사이에 밀접한 관련성이 존재한다는 것을 발견하고 심리적 손상과 신체적 손상이 유사하다고 추론하였다. 즉, 신체적 외상의 고전적 쇼크반응이 혈압이 낮아지고, 맥박이 빨라지면서 신체 주요기관으로 산소가 결핍되는 반응을 초래하는 것처럼 극심한 두려움 역시 사망에 이르게 할 정도의 생리적 반응을 일으킬 수 있다는 것을 발견하였다. 이처럼 Cannon의 연구는 건강과 질병에 영향을 미치는 정서와 성격에 대한 장기적인 연구의 출발점이 되었다.

(2) 한스 셀리에(Hans Selye, 1907~1982)

Cannon에 이어 본격적으로 현대적 의미의 스트레스와 가장 근접하게 스트레스와 건강사이의 관계를 본격적으로 다룬 학자는 Hans Selye이다. 헝가리 출신이면서 캐나다에서 활동한 내분비학자 Selye는 암소의 난소에서 추출한 호르몬을 실험실 쥐에게 주사하면서 호르몬의 영향을 확인하고 싶었지만 무엇을 주사하든 똑같은 증상을 보이는 것을 보고 쥐들이 병에 걸린 원인이 투여된 주사 때문이 아니라 실험에 겪은 어떤 불쾌한 경험 때문이라는 것을 발견하였다. Selye는 만성적인 심각한 위협이 인넝김에 미치는 생리석 효과를 연구하면서 다양한 스트레스 원이 유사한 생리적 변화를 초래한다는 점을 주목하여 일반적 적응 증후군(GAS: General Adaptation Syndrome) 개념을 소개하였다. Selye는 스트레스 원과 무관하게 일어나는 일반적인 생리적 스트레스 반응을 GAS로 정의하고 위험에 대처하는 신체반응과 연관된 생리적 시스템을 발견하였다. 그는 이 실험들을 통해 관찰한 쥐의 신체변화 의미를 포착해낼 단어를 찾던 중 일상 영어에서 주어진 저항력에 대한 반발력의 영향을 표현하기 위해 공학 분야에서 사용되고 있던 '스트레스'라는 용어를 발견하여 크게 대중화하고 의미를 변화시켰다. 즉, 스트레스란 신체가 외부로부터 어떤 요구를 받았을 때 보이는 모든 불특정 반응으로 금속을 구부리는 것과 마찬가지로 어떤 방향으로 변하든 간에(유쾌하거나 불쾌하거나) 변화를 요구받고 스트레스를 경험한다. 하지만 어떤 생체에 가해지는 요구가 실행할 수 있는 생체의 합당한 능력을 벗어나면 과도한 스트레스가 발생하고, 고무줄이 끊어지고 용수철에 변형이 일어나는 것처럼, 스트레스 반응은 신체부위의 손상뿐만 아니라 정서적 트라우마나 상상에 의한 위협에 의해서도 발생할 수 있다(Mate, 2015).

또한 지속적으로 스트레스에 노출된 동물이 경고(자원동원; 투쟁-도피반응으로 교감 신경계의 단기간 높은 각성상태), 저항(장기적이지만 중간 정도의 흥분상태), 소진(저항 붕괴)이라는 세 단계의 과정에 걸쳐 손상 및 죽음에 이르고, 동일한 스트레스 상황에서도 피험 동물들의 변화가 상이하게 나타남을 관찰하여 유기체의 대응능력에 따른 상호작용 개념을 소개하였다(Lehrer et al., 2007). 투쟁-도피 반응은 원시시대의 사람들이 생존의 위협에 직면할 경우에 더 적절할 것이지만, 현대 문명사회에서는 신체의 생리적 스트레스 메커니즘이 빈번히 부적절하게 작동하여 오히려 질병을 야기할 수 있다. 셀리에의 지적처럼 산업화된 오늘날의 현대인들은 도주가 불가능한 실험실 속의 동물들처럼 자신의 건강에 해로운 생활방식과 감정 패턴에 따라 살아가면서 신체에서 일어나는 생리작용을 인지하지 못하고 자신의 신체를 소진시키고 있다.

(3) 브루스 맥쿠엔(Bruce McEween)

Selye는 스트레스를 사건에 대한 신체반응으로 정의하였지만 일부 사람들은 스트레스를 신체적 반응의 결과로 사용하거나 사건 자체로 의미하기도 하는 등 정의에서 모호함이 있다. 이러한 모호함을 줄이기 위해 McEween은 알로스테시스(allostasis)와 알로스테틱부하(allostatic load)라는 용어를 제안하였다(McEween, 2002). 즉, 항상성(homostatis)을 유지하려는 신체에 대하여 어떤 위협이나 환경변화에 다양한 화학물질과 활동수준을 조절하는 적응적 변화를 알로스테시스로 부정적 의미가 아닌 유익한 반응이다. 하지만 이러한 반응이 일정시간 이상 과도하고 지속적으로 일어나면 몸에 덜 유익하고 부정적 대가를 치루게 하는 알로스테틱 부하를 일으키게 된다. 적은 양 또는 적당한 양의 단기 스트레스는 신체적으로나 정신적으로 적응적이고 유익할 수 있지만, 심각하고 장기적으로 지속되는 스트레스는 면역체계를 악화시키고 건강에 해를 끼칠 수 있다.

3) 심리학적 의미

'스트레스'라는 용어가 심리학적 인덱스에서 처음 등장한 것은 1944년(Lazarus & Folkman, 1984)으로, 국내에서 보편적으로 사용되는 심리학적 정의는 "내 · 외적 사건들이 개인의 중요한 동기를 위협하고, 개인이 이를 극복할 능력이 부족할 때 일어나는 특정한 형태의 심리 · 생리적 반응의 혼란"(신응섭, 이재윤, 남기덕, 문양호, 김용주, 고재원, 2004)이다. 이처럼 스트레스의 의미가 물리학, 건강 의학적 관심에서 심리학적 영역으로 확대되면서 스트레스는 자극과 반응, 즉 외부 환경 혹은 좌절이나 위협을 의미하게 되었고 나아가 요구와 반응 능력 간의 지각된 불균형으로 정의되었다(McGrath, 1976). 스트레스에 대한 정의가 처음에는 단지 고통 그 자체 또는 고통을 초래하는 외부적 환경이나 스트레스 원인을 의미하는 것에서 캐넌과 설리에의 연구결과를 통해 의학적으로 스트레스에 의한 신체 반응에 관심을 두게 되었으며, 더 나아가 스트레스에 대한 개인의 지각을 통한 상호작용으로 그 의미가 확대 된 것은 얼마 되지 않는다.

스트레스 자체는 질병과 관련 있고 피해야 할 것으로 여겨졌지만, 어떤 스트레스는 사람들에게 동기를 부여하고 자신의 능력 이상을 실현할 수 있도록 자극하기도 한다. Smith(1990)에 의하면 스트레스는 때때로 압박을 통해 일을 할 수 있도록 돕는다고 하였다. 즉, 의자에서 일어나게 하고 다르게 생각해 보게 하며 문제에 대해 해결책을 찾도록 하고 타인에 대해 민감하게 만든다. 이와 같은 스트레스의 의미를 구분하기 위하여 Selye는 불쾌하고 해로운 스트레스를 디스트레스(distress)라 하고 불안, 두려운, 걱정, 초조한 상태를 말하며, 결혼식, 운동 경기 시합, 연극연출과 같은 즐겁고, 만족스러운 경험은 유스트레스(eustress)라고 구분하였다.

사실 불쾌한 경험과 만족스런 경험으로 분명하게 구분되는 객관적인 상황은 존재할 수 없다. 개인이 스트레스를 어떻게 경험하느냐에 따라 지극히 불쾌한 스트레스로 지각하는 경험도 어떤 사람에게는 유쾌하고 만족스런 경험으로 지각할 수 있기 때문에 스트레스 자극 자체보다는 스트레스에 대한 개인의 지각, 태도, 탄력성에 따라 스트레스 경험이 달라질 수 있다. 일반적으로 스트레스는 불쾌한 경험이고 스트레스의 영향과 증상이 해로운 것으로 강조되어 왔지만 최근에는 스트레스의 유익한 점을 강조한 'joy of stress'라는 개념도 소개되었다(Hanson, 1986).

4) 현대적 의미

최근까지 스트레스를 우리의 신체적 · 심리적 건강에 해로운 것으로 여기고 이를 감소시키기 위해 다양한 스트레스 관리법이 소개되고 많은 연구가 시행되었다. 하지만 스트레스를 부정적인 대상, 즉 적으로 인식하던 사고체계와 관리기법에 한계가 나타났다. 인류에게 스트레스가 해온 역할이나 진정한 의미에 대한 충분한 이해 없이 불편하고 해로운 것으로 여기고 스트레스를 무조건 억압하거나 나쁜 것으로 다루는 태도로는 스트레스에서 자유로워지기가 어렵다고 보았다(Ford & Wortmann, 2012).

현대적 의미에서 스트레스는 긴장, 압박감, 부정적 감정을 일으키는 사건이나 상황으로 이해하고 그러한 상황에 대한 생리적, 심리적, 행동적 반응에서 더 나아가 위협적 사건에 대한 개인의 해석과 지각이 포함된 과정으로 정의된다(Baqutayan, 2015). Mills(1982)는 스트레스를 우리에게 일어난 요구에 대한 내적반응으로 정의하였는데 스트레스를 우리 삶에서 일어나는 외적 사건이나 요구, 그에 대한 우리의 내적 반응으로 구분하였다. 즉, 스트레스는 개인의 항상성의 균형을 방해하는 내 · 외적 힘과 사건에 대한 유기체의 적응적 · 생리적 반응이고 이러한 반응은 환경적 요구가 우리 자신의 대처 능력을 초과한다는 지각에 의해 일어난다고 보는 것이다.

일반적으로 스트레스 관리 전문가는 누군가 스트레스를 느낀다고 호소하면 스트레스를 일으킨 문제를 해결하려고 시도하고 부정적인 스트레스 반응을 제거하여 스트레스를 극복하거나 벗어나도록 강조한다. 하지만 이와는 달리 긍정 심리학의 관점에서는 부정적 요소를 다루기 위한 노력과 에너지보다는 개인의 강점과 긍정적 요소를 육성하려는 노력이 더 효과적이라고 본다. 다시 말해서 스트레스에 처해 있을 때 스트레스를 문제로 여기고 고치려는 것과 같은 약점을 개선하려는 노력은 더 문제를 악화시킬 수도 있기 때문에 긍정적 측면에 더 관심을 주고 강조하는 것이 삶의 번영에 더 성과가 있다고 보았다.

한 걸음 더 나아가 최근에는 스트레스가 고통과 저조한 수행을 유발하는 부정적이고 위협적인 것으로 받아들여지기보다는, 어떤 사람에게는 스트레스가 성장이나 긍정적인 결과를 가져오는 과정으로 여겨지기도 한다. 다시 말하면 스트레스가 도움이 되느냐 혹은 해로운 것이 되느냐는 사람들이 스트레스를 어떻게 바라보느냐에 달려있고 스트레스를 도전과 기회로 변형시킬 수 있다는 긍정적인 견해가 새롭게 등장하였다(McGonigal, 2015). 그녀는 스트레스에 대한 사고방식(mindset)을 긍정적으로 전환하면 스트레스를 받는 동안 DHEA(신경 스테로이드의 일종으로 두뇌발달을 돕는 호르몬)가 활성화되어 스트레스 경험을 통해 뇌를 발달시킬 수 있다고 주장하였다. 즉 스트레스가 도움이 된다는 '생각'이 신체를 변화시켜 스트레스 반응에 대한 성장지수를 높이고, 결국 집중력 강화, 문제해결 능력 향상, 의식분열의 억제 등에 효과가 있다고 하였다.

이와 같이 정적정서를 높이고 삶의 긍정적 측면을 강조하는 긍정적 접근도 스트레스가 더욱 복잡해지고 끊임없이 증가하는 현대사회에서 한계를 드러낼 수 있다. 처음에 스트레스가 경미하고 단순할 때는 삶의 긍정적 요소를 살피는 것이 효과가 있었지만, 지속적으로 반복되거나 강한 강도의 스트레스 자극에 노출되어 이러한 노력이 좌절되거나 효과가 없을 때는 부정적 영향이 더욱 심화되고, 더 이상 긍정적 태도가 영향을 미치지 못한다(Ford & Wortmann, 2012).

스트레스는 사실 우리가 피해야 하는 나쁜 것이거나 좋은 것이기보다는 단지 개인의 안전이나 생존을 도우려는 몸과 뇌의 신체적 반응일 뿐이다. 그러므로 스트레스를 경험할 때 우리에게 일어나는 뇌의 변화를 인식하여 의도적으로 뇌를 활용하는 능력을 학습하고 계발하면 우리는 통제권을 회복하여 스트레스에서 자유로워질 수 있다고 보는 새로운 견해가 등장하였다. 스트레스로 인한 부정적 결과는 대체로 스트레스 자극에 별다른 생각 없이 자동반응 한 결과이다. 이렇게 즉각적인 반응을 요구하는 경보기(파충류 뇌와 편도체)의 메시지에 과잉반응하지 않고, 스트레스를 문제로 여기고 고치려고 노력하지 않는 대신, 사고 뇌(전전두 피질)를 연결시킴으로써 현재 상황에서 분명하게 생각하는 능력을 회복시키는 것을 강조하며 이러한 능력은 평상시에 연습을 통해서 학습할 수 있고 이를 통해 사람들이 자신의 삶에서 중요한 것을 선택할 수 있게 된다(Ford & Wortmann, 2012).

2. 스트레스의 구성 및 분류

동일한 스트레스 자극에 노출되었다 하더라도 개인적인 특성이나 환경에 따라 개인이 경험하는 스트레스는 다를 수 있고 이에 대한 반응도 다르게 나타날 수 있으므로 스트레스에 대한 부정적 반응은 환경, 스트레스의 특징, 개인의 취약성의 상호작용에 의한 산물로 볼 수 있다(Benjamin & Walz, 1990). 이와 같이 스트레스 반응을 일으키는 객관적인 사건과 함께 스트레스 원의 심리적 요소, 개인의 주변 환경에 대한 지각 등에 따라 스트레스 경험은 달라지므로 스트레스에 대한 이해는 다각적이고 입체적으로 접근해야 한다. 스트레스는 아래와 같이 세 가지 요소로 구성된다.

1) 스트레스의 구성

(1) 스트레스 원(stressors)

스트레스는 뇌에 변화를 일으키고 신체가 잇따라 스트레스 반응을 하도록 자극한다. 신체적이든, 심리적이든 개인에게 무엇을 요구하거나 개인의 안녕감을 위협하는 특정 사건들이 스트레스 자극이다. 스트레스 자극, 즉 스트레스 원은 스트레스를 유발하는 다양한 내 · 외적 사건들로 생의 주요 사건들과 만성적인 압박감을 주는 일상의 사소한 골칫거리들, 스트레스가 되는 특정 환경 등이 포함된다.

(2) 개인의 지각과 해석을 통한 스트레스 평가

스트레스 원에 대한 평가는 개인 고유의 지각과 해석을 말한다. 스트레스 원과 개인, 환경(주위사람의 반응, 사회 문화적 요인 등)간의 유기적인 상호작용의 결과로 동일한 스트레스 원이라 하더라도 스트레스 원에 대한 평가가 다르게 나타날 수 있다.

(3) 스트레스 반응

스트레스 반응은 스트레스 원에 대한 자동 반사적 평가 또는 의식적인 평가를 통해 스트레스를 경험하고 의미를 해석하는 처리 시스템(신경계, 뇌)에 의한 개인의 신체 · 심리 · 행동적 반응을 의미한다. 스트레스 반응으로 나타난 증상들은 알아차리게 될 정도라면 이미 많이 축적되어 있는 것이므로 증상을 간과하지 말아야 한다.

2) 스트레스 원의 분류

(1) 객관적 스트레스 원

사람들에게 가장 많은 영향을 미치는 스트레스 사건은 대상과 지역에 따라 조금씩 다르게 나타난다. 생활변화지표 검사에 따르면 성인의 경우 배우자의 사망(100), 이혼(73), 별거(65), 가까운 가족의 죽음(63), 질병(53) 등의 순으로 스트레스를 경험하게 하는 것으로 나타났다. 미국 대학생의 경우 가족의 사망(96), 시험(91), 재정적 어려움(84)(Renner & Mackin, 1998) 등의 순으로 스트레스를 경험하게 되는 것으로 나타났다. 우리나라 청소년의 경우는 학업, 진로, 외모, 가정환경, 친구 등의 순으로 스트레스 사건을 들었다. 이처럼 스트레스의 객관적 특성을 살펴보는 일은 개인의 현재 상태와 함께 개인이 속한 사회, 문화적 배경에 따라 달라질 수 있지만 일반적으로 이혼이나 사망으로 인한 가까운 사람과의 이별, 건강, 경제적 어려움, 대인관계 등이 사람들에게 스트레스를 주는 공통적인 원인으로 나타났다. 이와 같이 스트레스를 유발하는 요소의 특성을 살펴보면 일반적으로 스트레스 원의 불확실성, 정보 부재, 개인의 통제력 상실 등을 들 수 있다.

(2) 주관적 스트레스 원

개인에게 미치는 스트레스의 영향은 객관적인 스트레스 원의 특성보다 스트레스 원에 의미를 부여하는 처리시스템, 즉 개인의 해석과 지각에 의해 영향을 받는다. 예를 들어 직장에서의 실직은 고액의 퇴직금을 받는 임원보다 한 달 벌어 가족이 먹고 사는 월급쟁이에게 훨씬 더 큰 스트레스가 될 수 있다. 하지만 스트레스의 정도는 개인의 성격이나 심리상태에 따라 달라질 수 있는데, 경제적 안정이 보장되는 임원이라도, 그의 자존심과 목표의식이 회사 내의 지위에 전적으로 연결되어 있는 사람이라면 가족이나 종교 생활에서 더 큰 가치를 두는 평사원에 비해 더 심각한 스트레스를 경험할 수도 있다. 또한 실직이 어떤 사람에게는 심각한 위협으로, 어떤 사람에게는 새로운 도전을 자극하는 기회로 여겨질 수도 있는 것처럼 스트레스 요인과 반응 사이에 획일적이고 보편적인 관계가 존재하지 않는다.

스트레스 자극에 대한 개인의 반응은 타고난 기질, 삶의 이력, 감정패턴, 신체적 · 정신적 능력 · 사회적 경제적 지원 등에 따라 큰 차이가 있다. 개별 스트레스 사건이 단독적으로 현재 시점에서 경험되는 것이지만 과거를 반영하며, 여러 사소한 스트레스 사건들도 동시 다발적으로 발생하여 복합적으로 영향을 미칠 수도 있으므로 개인, 스트레스 발생 시점에 따라 스트레스 경험의 강도와 장기적 영향이 달라진다. 이처럼 스트레스 요인은 외부의 자극 문제는 물론 개인의 반응문제로, 같은 외부사건이라 해도 그 사건을 누가 언제 어떻게 경험하느냐에 따라 매우 다양한 신체적 · 심리적 · 행동적 반응을 일으킬 수 있다(Mate, 2015).

(3) 결핍/부재 스트레스 원

우리에게 무엇을 요구하지 않거나 위협적이지 않아도 생체의 생존과 안녕에 필수적이라고 인식하는 무엇인가가 부재하거나 결핍되어 있다는 것도 스트레스가 될 수 있다. Levine과 Ursin(1972)은 "스트레스 자극은 무엇인가 결핍되어 있거나 사라지기 직전의 상태로서, 이 무언가는 생체와 깊은 연관이 있고 생체에 바람직한 것"이라고 하였다. 즉, 사람들에게는 자신에게 부정적인 무슨 일이 일어나거나 위협적인 경우는 물론 보다 긍정적인 일이 행해지지 않았거나 적절한 수준의 자극이 가해지지 않는 경우도 또한 스트레스가 될 수 있다. 모든 생명체에게 적절한 환경의 물리적, 정서적 자극이 결핍되거나 박탈당하면 심하게 위축되거나 심지어는 죽어버리는 등 온전한 발달을 하지 못하고 방해받는다. 인간 발달의 근본적인 목표는 적절한 자극과 반응을 통해 개인의 잠재력을 최대한 끌어내며 성장시켜 공동 사회에서 자신의 자율성을 잃지 않고 다른 사람들과 협력하면서 독립성과 자기 조절력을 갖도록 돕는 것이다.

우리의 감정은 우리를 위해 세상을 해석한다. 감정은 신호 기능을 갖고 있어서 우리의 몸이 외부에서 유입되는 내용에 영향을 받게 될 때 그 상태가 어떤지 말해 준다. 감정은 현재의 자극에 대한 반응으로 과거 경험에 대한 기억의 여과장치를 통해 길러지고 과거에 감지했던 내용에 근거해 미래를 예측한다. 예를 들면 어린아이에게 엄마는 우주이다. 스트레스 반응에 대한 가장 신속하고 좋은 해독제는 일차적 관계에서 안전감을 느끼는 것이다(Ford & Wortmann, 2012). 어린아이에게 일차적 관계인 우주가 자신을 적절히 보호해 주지 못해 정서적 결핍을 경험하거나 심지어는 정서적 학대나 방임에 처한다면, 정서가 순조롭게 발달되지 못하고 감정대처 능력에 손상을 입게 된다. 이처럼 스트레스 원은 개인에게 부정적으로 평가된 사건의 발생이나 물리적인 부재, 결핍일 뿐만 아니라 주고받아야 할 정서적 관심, 사랑, 위로가 결핍되거나 박탈된 상황이 될 수도 있다. 이와 같은 결과는 성인기에까지 부정적인 영향을 미치며 매우 고통스럽고, 특히 어린 시절 수동적으로 경험된 정서적 학대나 결핍이 반복적으로 지속되고 해결되지 못한 채 현재의 삶에 영향을 미칠 경우 더욱 심각한 심리적 스트레스 원이 될 수 있다.

(4) 예감된 스트레스 원

실제 스트레스 자극이 위협적이고 생체의 항상성의 균형을 깨뜨리는 것이 아닌 단순히 앞으로 일어날 일에 대한 예감만으로도 그 일이 실제 일어난 것과 같은 강한 스트레스 반응을 유발할 수 있다. 위험하거나 위협적인 상황에서 우리를 안전하게 보전하기 위한 예기 스트레스에 대한 정서적 반응은 주로 불안감이다. 이러한 불안은 우리의 방어능력을 향상시켜 위험으로부터 안전하게 보전하도록 돕는 순기능이 있지만, 지나칠 경우 역기능적으로 작용할 수 있다. 사람들은 구체적인 신체적 · 정신적 손상에 의해서 스트레스를 느낄 뿐만 아니라 그것들에 대한 예감만으로도 반응할 수 있는데 이는 인간의 상상능력에 의한 고유의 특성이다. Selye는 인간이 단지 생각하는 것만으로도 생리적 체계가 활성화되고 스트레스 원이 정신적인 경우 스트레스 자체보다 스트레스 반응이 더 파괴적일 수 있다고 밝혔다. 이러한 인간의 상상능력이 예기 불안을 초래하고 이로 인한 심리적 스트레스가 신체활동을 더욱 교란시킨다. 즉, 단순히 특정 사건에 의해 항상성의 균형을 깨지는 것만이 아니라 앞으로 일어날 일에 대한 '예상', 즉 단지 생각하는 것만으로도 그 일이 실제로 일어난 것과 같은 강한 스트레스 반응을 작동시킬 수 있기 때문에, 어느 정도의 방어는 인간의 삶에 보호적 작용을 하지만 심한 경우 생리 체계가 활성화 되어 신체질병으로 이어질 수 있다

(5) 욕구불만 스트레스 원

스트레스의 가장 기본적인 원인은 욕구에 대한 충동으로 기본적인 욕구가 충족되지 못할수록 심한 스트레스를 경험하게 된다. Maslow(1908~1970)에 의하면 인간의 기본 욕구는 생리적 욕구, 안전, 사랑과 우정, 자존감, 자아실현의 순으로 구분할 수 있다. 기본적인 욕구에 가까울수록 생존과 연관되

어 있어 우선적으로 충족되어야 한다. 그러므로 자신의 욕구에 귀를 기울이고 자신의 욕구를 이해하는 과정이 중요하며 욕구에 맞는 올바른 활동을 찾아 가능하면 빨리 충족시키는 것이 중요하다.

On - Scene Crisis Intervention 현장에서의 위기개입

스트레스와 실존적 욕구

- 가치관이 위협받을 때
- 자신의 내면에 있는 용기, 관계, 성장이라는 삶의 중요한 면을 깨닫기

매슬로우 욕구위계 이론

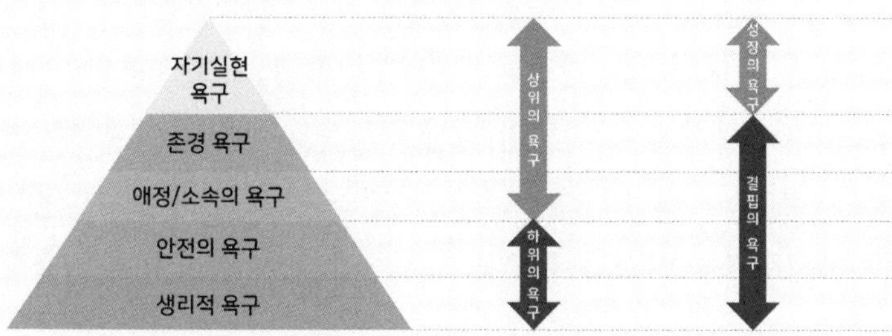

스트레스의 이해와 개입

- 스트레스를 경험할 때 스트레스로 인한 불쾌감을 적절히 해소할 만한 배출구가 있는가?
- 그 배출구를 얼마나 인지하고 적극적으로 활용하는가?
- 스트레스에서 벗어나 주의를 돌릴 수 있는 자원이 있는가?

스트레스 반응은 '바로 지금' 에너지를 폭발적으로 연소하려고 준비하고 있는 것으로 스트레스에서 벗어나 주의를 돌릴 수 있는 긍정적인 욕구불만의 배출구가 있다면 스트레스 반응이 완화될 것이다. 한 예로 운동은 신체가 준비했던 스트레스에 대한 에너지를 배출해주는 역할을 하기 때문에 스트레스 완화에 운동이 도움이 된다. 그러므로 스트레스를 느낄 때 욕구해소를 위

한 배출구가 마련되어 있는지 또 스스로 얼마나 적극적으로 활용하고 노력하는지에 따라 스트레스에 대한 경험은 달라질 것이다.

(6) 스트레스 기간에 따른 분류: 급성 스트레스와 만성 스트레스

스트레스를 기간에 따라 분류하면 급성 스트레스(Acute stress: 단기면서 매우 심한), 급성 에피소드 스트레스(Acute Episodic Distress: 스트레스 사건 뒤에 다른 사건이 일어나는 상황), 만성 스트레스(Chronic Distress: 지속적인 사건으로 통제할 수 없는 상황)로 구분할 수 있다. 급성 스트레스는 위협에 대한 즉각적이고 단기적인 스트레스 반응이며, 만성 스트레스는 어떤 사람이 장기간에 걸쳐 인지하지 못하거나 조절하지 못해 피할 수 없는 스트레스 원들에 지속적, 반복적으로 노출될 때 스트레스 메커니즘이 활성화되는 것을 말한다.

오늘날 많은 현대인들은 긴장된 대인관계, 교통체증, 요구적인 가족, 과다한 업무, 재정 문제와 같은 사소한 일상 문제들로 가득 찬 스트레스 상황에 만성적으로 노출된 채 살아간다. 이들은 자신의 신체 내부에서 무슨 일이 일어나고 있는지 대체로 인식하지 못하고 자기 보호적인 방식으로 적절히 행동하지 못하게 된다(Mate, 2015). 이로 인해 일상적인 만성 스트레스가 생의 주요사건들 보다 더 많은 심리적, 신체적 증상을 보이게 하는 것으로 나타났다. 급성 스트레스가 즉각적인 해결 수단 없이 만성적으로 지연되는 경우 신체조직을 파괴하고 혈압이 상승되면 심장이 손상되는 것과 같은 신체적 피해가 초래된다(Critelli & Ee, 1996). 또한 해결되지 못한 아동기 경험으로 인해 만성 스트레스가 되면 아동기의 세상에 대한 해석, 즉 세상은 안전하지 못하며 적대적인 곳이라는 지각은 생화학적, 호르몬적으로 우리의 세포 속에 프로그래밍되어 아동기에 겪은 경험들이 세상에 대한 태도를 좌우하고 세상과의 관계를 맺게 될 자신에 대한 무의식적 믿음을 결정하게 된다.

본래 스트레스 반응은 인간의 생존을 위해 필요한 것으로 스트레스가 제거된 뒤에는 다시 원상태로 돌아가야 하는데 시간이 지날수록 누적되고 만성적이라면 우리 몸과 마음은 늘 각성되어 있어 더 해롭다. 만약 개인이 스트레스 원을 통제하기 어렵거나 불가능하다고 지각할 경우 만성적이고 반복적인 스트레스가 자동으로 병에 걸리게 하기 보다는 병들게 할 가능성과 위험성을 높이게 된다.

이와 같이 즉각적인 스트레스 반응이 중대한 긴급사태로부터 우리의 목숨을 지켜주기도 하지만, 장기적으로 지속되면 병들게 할 수 있고 우리의 안녕감을 위협하는 위기상태에 처하게 된다. Selye는 사람들이 아드레날린이나 코티졸 같은 자신의 스트레스 호르몬에 중독될 수 있다는 사실을 주시하였고, 그러한 개인은 스트레스가 바람직하게 느껴지며 반대로 스트레스의 부재가 피해야 할 일처럼 느끼게 될 수도 있다고 지적하였다(Roberts, 2014).

가. 만성 스트레스의 위험요소

만성 스트레스는 주로 일상적인 사소한 생활사건이 지속적 반복적으로 누적되거나, 초기 인생경험에서 비롯된 심리적 외상, 신체 질병, 악화된 대인관계 등이 해결되지 못한 채 현재까지 이어지고 있거나 의식적, 표면적으로는 해결된 것처럼 보이지만 여전히 개인의 삶에 부정적인 영향을 미치는 경우이다. 만성 스트레스가 적절히 다루어지지 않으면 신체적·심리적·행동적으로 매우 위험한 상태에 놓이게 된다. 이와 같은 만성 스트레스는 눈에 잘 띄지 않고 오랫동안 방치되어 조금씩 누적되어 왔기 때문에 주변사람의 관심을 받지 못하고 스스로도 자각하지 못할 수 있다. 그러므로 만성 스트레스는 주요 사건에 의한 급성 스트레스보다 사회적 관심과 지지를 끌어내고 스스로도 적극적으로 대처하려고 반응하기가 어렵기 때문에 우리 삶에 더 심각한 영향을 줄 수 있다.

□ 만성 스트레스의 원인

- 사소한 일상 스트레스가 장기간 누적된 경우
- 초기 인생경험(학대, 방임, 질병, 환경적, 정서적 결핍 등)이 무의식적 또는 의식적으로 현재의 삶에 영향을 미칠 경우
- 급성 스트레스(외상적 경험)가 적절히 해결되지 못하고 무의식적/의식적으로 영향을 미칠 경우

□ 만성 스트레스의 부정적 영향

- 스스로 스트레스를 알아차리기 어려움
- 스트레스에 대한 주변사람의 지지를 받기 어려움
- 스트레스를 적극적으로 해결하고 변화하고자 하는 의지를 갖기 어려움(학습된 무기력)
- 초기 부정적 인생경험은 생리적 스트레스 민감성을 높여 적은 스트레스에도 쉽게 영향 받음
- 부정적 경험에 노출될 가능성을 증가시킴(쇠약한 신체, 저조한 수행, 대인관계 어려움은 악순환 됨)
- 생리적으로 교감신경의 과각성, 생화학적 수치(호르몬수치, 혈압 등)가 불안정하여 신체 질병에 쉽게 노출됨
- 정서적으로 우울감, 불안에 시달리고 인지적으로 주의집중력, 기억력 감퇴 등을 나타냄
- 행동적으로 잦은 짜증, 분노폭발, 수면장애, 섭식장애, 중독 등을 보임

(7) 스트레스 정도에 따른 분류: 생의 주요사건과 일상 생활사건

스트레스의 여러 원인으로 사랑하는 사람의 질병이나 죽음, 갑작스러운 생계수단의 상실, 이혼이나 부부갈등, 직장 내 막중한 책임, 성적 등 다양한 상실과 발달단계에 따른 주요과업들을 들 수 있다. 또한 살아가면서 드물게 겪게 되는 주요사건들뿐만 아니라 가벼운 사고, 질병, 취학, 이사, 교통체증, 업무량 증가, 마감 시간 등 일상의 사소한 생활사건들도 스트레스 원이 되어 우리의 몸과 마음에 괴로움을 일으킬 수 있다.

생의 주요사건과 같은 극심한 변화는 급성 스트레스를 야기하거나, 적절히 해결되지 못한 채 무시되거나 지연될 경우 만성화되어 질병을 일으키기도 하지만, 꼭 부정적 사건이 아니더라도 결혼이나 취직과 같은 긍정적 사건도 재적응과 준비를 요구하기 때문에 얼마간의 스트레스를 경험하게 된다. 생의 주요사건이 아닌, 일상적으로 작고 경미한 스트레스가 지속적이고 반복적으로 일어나는 경우 개인이 알아차리거나 혹은 자각하지 못한 채 만성

적인 스트레스 원이 되어 심리적 고통과 질병을 초래할 수 있다. 또한 이러한 일상적인 스트레스를 많이 가진 사람들이 심각한 심리적·신체적 증상을 호소하고, 사소한 사건들로 인한 영향이 생의 주요사건들이 주는 효과보다 더 크고 오래 지속될 수도 있다.

일반적으로 개인의 정신을 교란시키는 특정사건이나 중요사건(사랑하는 이의 죽음, 실직, 결혼 생활의 파경 등)을 강력한 스트레스 요인으로 볼 수 있다. 하지만 장기적으로 미치는 생물학적 영향을 살펴볼 때 인간의 삶속에서 더 잠재적으로 위험하고 유해한 일상의 사소한 스트레스를 간과할 수 없다. 이처럼 현대인에게 있어 괴로움을 일으키는 스트레스의 본질은 전쟁이나, 경제적 손실, 누군가의 죽음과 같은 외부적인 스트레스 원이 아니라 다른 사람이나 환경에 자신을 적응시켜야 하는 내부적인 스트레스 원이 더 위협적일 수도 있다.

(8) 스트레스 차원에 따른 분류

스트레스 원은 크게 외적인 것과 내적인 사건으로 분류할 수 있는데 외적인 사건보다 사건에 대한 지각과 대처반응이 스트레스에 더 영향을 미친다. 내적인 사건의 경우 사람들이 걱정하는 스트레스 원을 들 수 있는데, 대상에 따라 네 가지, 즉 시간 스트레스(시간에 대한 걱정), 예기 스트레스(미래에 대한 걱정), 상황 스트레스(통제할 수 없는 상황에 대한 걱정), 대인 스트레스(사람을 만나거나 소통하는 데 대한 두려움)(Albrecht, 2010)로 구분할 수 있다.

현대인은 다른 사람과 접촉하는 정도, 그들이 자신에게 대하는 방식, 또 타인의 스트레스로 인해 간접적으로 받는 영향 때문에 받는 스트레스도 매우 심각하다. 즉, 다른 어떤 사람이 이미 자신만의 스트레스로 인해 녹초가 되어 있는 상태에서 건강하게 상호작용하기는 쉽지 않다. 오히려 그 사람과의 관계로 인해 자신의 스트레스 반응이 촉발되기도 한다. 특히 자신이 이미 지쳐있는 상태라면 더욱 방어적인 태도를 보이는 상대와 건강한 상호작용하기는 힘들다. 결과적으로 타인의 강한 스트레스 반응이 우리 자신의 스트레스 반응을 자극하고 더 악순환을 일으키게 된다(Ford & Wortmann, 2012).

(9) 현대 스트레스 원의 특징

■ **지속적이고 반복적이며 장기적임**

현대인들은 인간역사에서 어떤 시점보다 더 많은 자원과 안락을 누리면서도 역설적이게도 더 심리적, 신체적으로 시달리고 있다. 이전 원시 시대에 겪었던 생명을 위협하는 강력하고 신속한 반응을 요하는 위험한 상황에 처하는 경우는 상대적으로 적다. 하지만 반복적인 교통체증, 지속적인 인간관계의 어려움, 신체 질환이나 경제적 어려움과 같은 더 장기적이고 빨리 해결되기 어려운 스트레스 자극으로 인해 시달린다. 다시 말하면 혼잡한 교통상황과 같은 스트레스 자극은 매우 빈번하고 일상적이며 복잡한데(꽉 짜인 일정, 끊임없는 연락 주고받기, 경쟁적 환경 등), 이에 대한 우리 뇌와 신체반응은 원시시대와 같은 방식으로 생명을 위협하는 사건에 대한 생물학적 반응인 신속하게 도망치거나 싸웠던 방식으로 자동적으로 반응하기 때문에 우리의 반응은 적합하지 못하며, 우리는 점점 지치게 되고 장기적으로는 건강에 해로운 영향을 미친다(Kalat & Shiota, 2007).

■ **은근하거나 모호하고 복합적임**

현대인의 스트레스 원은 과거 원시인이 겪었던 강력하면서 매우 구체적으로 가해지고 빠르게 종결되는 것과는 매우 차이가 있다. 현대인의 복잡하고 다중적 역할을 요하면서 빠르게 변화하는 환경 속에서 많은 스트레스 자극이 매우 얽혀있고 서로 영향을 주어 은근하게 일어나고 구체적이기 보다 상상이나 공상과 같은 정신작용으로 더욱 상승작용을 한다. 그 결과 우리 경보 시스템은 실제 위험과 지각된 위험의 차이를 구분하지 못하거나 생존의 위협과 일상적인 사건의 차이를 구별하지 못하여 필요하지 않을 때 생존반응을 일으키기도 한다. 이는 우리의 일상생활의 중요한 영역인 대인관계, 업무수행 등에 해로운 영향을 미치므로 그 순간 고차원의 학습 뇌를 가동하여 괜찮다는 경험에 주의를 쏟게 하는 것이 중요하다.

■ **급변하는 사회와 간접 스트레스 증가**

개인에게 단독으로 영향을 미치는 것이 아니라 상호작용을 통해 부정적 영향을 상승시킨다. 또한 급속히 변화하는 사회에서 너무 많은 정보가 난무하고 이 변화에 빨리 대응하지 못하여 삶의 통제감을 경험하지 못한다.

■ **뇌의 경보시스템이 가동될 때 이를 낮추는 방법을 알지 못하거나 시도하기 어려움**

자신이 통제할 수 없다고 여기거나 통제 수준이 저하된다. 뇌의 경보기는 불안을 느끼고 있는 두 살배기 어린 아이와 같기 때문에 이치를 따지거나 논쟁하기보다 안심시키고 달래어 제자리로 돌려놓아야 한다. 그러므로 스트레스를 느낄 때 문제가 무엇인지 찾으려하며, 문제를 방지하려하고, 교정하려고 노력하는 행위는 또 하나의 스트레스를 유발할 수 있다. 우리가 어떤 문제를 완전히 해결하거나 제거할 수 없을지라도 그것을 다룰 수 있다는 것을 알게 될 때 경보기는 자신이 안전하다고 느끼고 스트레스 물질을 더 이상 발산하지 않는다(Ford & Wortmann, 2012).

■ **스트레스 반응을 인식하지 못하거나 무시함**

우리가 스트레스 반응을 하고 있다는 것을 스스로 인식할 때가 바로 그것에 대해 무언가를 할 수 있을 때이다. 하지만 사소하고 일상적인 스트레스가 반복되면서 스트레스 반응을 일으키는 감각과 감정에 무뎌지는 경향이 있고 오히려 그러한 상태가 정상적으로 느껴지기도 한다. 복잡하고 빠르게 진행되는 현대생활 속에서 자신의 스트레스 반응에 적절하게 주의를 기울이기보다 방치하거나 무시하면서 스트레스를 누적시켜 마침내 몸이 아니라고 말하거나 심리적 붕괴를 경험하는 소진상태에 이르게 된다.

■ **내적 자원(신인류의 뇌: 전전두 피질, 해마)의 활용 가능성**

우리 자신을 보호하고 안정을 유지하게 하는 경보시스템의 뇌(파충류의 뇌와 편도체)와 함께 경보를 낮추고 통제할 수 있는 더 고차원의 사고 뇌(대뇌피질)가 우리 안에 이미 있다. 이것은 더 복잡하고 다중적이며 바쁘게 돌아가는 현대생활을 잘 누릴 수 있게 하는 강력한 도구이다. 즉, 세상을 탐색하고 학습하도록 태어난 분명하게 생각할 수 있는 뇌를 활용하여 개인적 통제력을 느낄 수 있고 삶이 자신에게 던지는 문제를 효과적으로 다룰 수 있는 능력을 계발할 수 있다.

3. 스트레스 원에 대한 지각과 해석

일반적으로 스트레스가 되는 생의 사건들은 주로 불쾌하고 위협적인 사건들이지만, 긍정적 사건들은 심리적 고통을 덜 주고 더 적은 신체증상을 초래하며 부정적 사건의 영향을 줄여주기도 한다. 중요한 것은 긍정적 사건들도 부정적 사건과 마찬가지로 재적응과 준비를 요구하기 때문에 스트레스를 일으킬 수 있다. 스트레스의 영향과 이에 따른 결과로 건강하고 성취감을 주는 것은 좋은 스트레스(Eustress)와 고통, 불안, 슬픔의 원인이 되는 나쁜 스트레스(Distress)로 분류할 수 있다(Ma, 2014). 실제로 스트레스 자극이 객관적으로 긍정적이거나 부정적으로 보일지라도의 스트레스라는 개념 자체는 중립적이다. 즉, 결혼이나 취직과 같은 많은 사람들에게 좋게 보이는 자극도 어떤 이에게는 부정적 스트레스가 될 수 있으므로 스트레스를 심리적으로 어떻게 지각하느냐에 따라 긍정적이거나 부정적으로 받아들여질 수 있다(Baqutayan, 2015).

다시 말해서 동일한 스트레스 자극에 노출되었다 하더라도 개인적인 특성이나 환경에 따라 개개인이 경험하는 스트레스는 다를 수 있고, 이에 대한 반응도 다르게 나타날 수 있다. 스트레스 평가에 있어 어떤 자극이 스트레스인지 아닌지를 해석하는 것이 일차적 평가(primary appraisal)이고, 자신이 그 스트레스 자극을 처리할 수 있는지 혹은 없는지를 평가하는 이차적 평가

(secondary appraisal)가 이어진다. 스트레스 평가는 스트레스에 대한 개인의 고유의 지각과 해석으로 이뤄지고, 스트레스 원과 개인, 환경(주위사람의 반응, 사회 문화적 요인 등) 간의 유기적인 상호작용의 결과이다.

다음은 개인이 스트레스를 어떻게 지각하고 해석하는지 가늠할 수 있는 질문들이다.

- □ 우리는 스트레스 요인을 인지하고 있나?
- □ 건강한 삶에 대한 잠재적 위협을 확대하고 있나 아니면 최소화하고 있는가?
- □ 자신이 외롭다고 느끼는가? 무기력하다고 느끼는가?
- □ 도움이 필요 없다고 느끼는가? 도움 받을 만한 자격이 없다고 느끼는가?
- □ 사랑 받는다고 느끼는가? 사랑 받을 자격을 얻기 위해 열심히 노력해야 한다고 느끼는가? 절망에 빠져 사랑받을 가치가 없다고 느끼는가?

이와 같은 자신에 대한 의식적/무의식적인 믿음과 태도가 사람들의 스트레스에 대한 반응을 통제하여 방어하게 하거나, 반대로 개방적인 태도로 더욱 성장하기 위해 스트레스를 받아들이게 한다.

1) 개인적 요인

객관적인 스트레스 자극과 별도로 스트레스 자극에 노출된 개인의 스트레스에 대한 해석에 따라 같은 자극에 대해서도 다양한 스트레스 반응을 나타날 수 있다. 개인의 기질, 성격, 가치 등에 따른 주관적 요인에 의해 많은 영향을 받는다. 따라서 스트레스를 지각하는 개인의 정신적 필터에 따라 스트레스 반응도 다양하게 나타날 수 있기 때문에 스트레스에 대한 유연한 태도와 함께 개인의 개별적이고 독특한 상호작용을 고려하는 것이 중요하다.

(1) 기질

기질은 후천적으로 획득되기보다 타고난 것으로 스트레스를 다루는 데 어느 정도 영향을 미친다. 즉, 낙천적이고 흥분하기 쉬운 성향의 사람들은 스트레스를 낙관적으로 대하고 우울한 기질의 사람들은 스트레스에 더 고통을 받는 것으로 나타났다.

(2) 성격

사람들이 성장하는 방식은 그들의 몸과 마음의 관계를 형성하게 되는데, 아동기의 정서적 환경이 아동의 타고난 기질과 상호작용하면서 성격적 특성을 형성하게 된다. 이처럼 기질과 달리 선천적으로 타고 나기보다 주로 사회적 영향과 교육에 의해 형성된 성격은 개인의 정서, 태도, 행동에 영향을 미친다. 주로 아이가 부모의 욕구를 감지한 뒤 보이는 적응반응이 무수히 반복되면 그것은 아이의 성격적 특성이 될 수 있다.

□ Block과 Block(1980)의 자아-통제(ego-control)와 자아-탄력성(ego-resiliency)이론에 의하면 성격은 1) 회복력이 있음(resilient), 2) 과도한 통제(over-controllers), 3) 낮은 통제(under-controllers)로 구분할 수 있다. 회복력이 있는 사람들이 스트레스에 더 적극적으로 대처하고 낮은 회복력을 가진 과도한 통제나 낮은 통제의 사람들은 스트레스 대처에 적절하지 않은 것으로 나타났다. 통제가 낮은 사람들이 스트레스에 직면했을 때 무너지기 쉬운 반면 과도한 통제를 하는 사람들은 자신의 스트레스 감정을 통제하려는 경향이 있다.

□ 융(Jung)의 성격이론에서는 내향적이고 감정적인 사람들이 걱정하는 경향이 있어 스트레스에 더 취약하며 부정적으로 대처하는 것으로 본다(Sharp, 1987). Chain(1984)은 융의 성격이론과 갈등-다루기 행동과 관련해서 감정형은 갈등을 타협과 적응으로 다루는 반면 사고형은 경쟁적이거나 협동

으로 다루어 개인의 성격유형에 따라 스트레스를 다루는 방법이 다르다고 지적하였다. 즉, 같은 스트레스 자극에 노출되어도 개인의 다양한 감정, 태도, 사고, 행동 패턴에 따라 다르게 반응하며 회복력이 있고 외향적인 사람들이 통제 상태에서 스트레스를 쉽게 다루며, 내향적이면서 감정적인 사람들은 스트레스에 민감하고 대처하는 데 어려움을 가지는 것으로 본다.

□ 성격을 크게 세 가지로 분류하여 질병과의 관계를 살펴보면, 화를 잘 내고, 긴장상태이며, 조급하고 공격적이며 지배적인 A형 성격인 경우 심장병에 더 잘 걸릴 위험이 있다. 감정에 휘몰리지 않고 감정을 폭발시키는 일 없이 적절히 표현할 수 있고 절제력이 있는 균형 잡힌 B형 성격인 경우 화, 두려움, 슬픔, 다른 감정들을 적절히 표현할 수 있다. 이와 유사하게 보이지만 겉으로는 강해 보이고 행복한 모습을 유지하려고 발버둥치지만 부정적인 감정들 특히 화를 억제하거나 억압하려는 경향을 보이는 C형 성격의 경우 지극히 협동적이고 인내심 많고 수동적이고 자기주장이 없는 순응적인 사람들이다. 이들은 정서적 스트레스를 경험하면 감정을 심하게 억압하거나 격리시키려 애쓰기 때문에 암에 걸릴 가능성이 높게 나타났다. 즉 이러한 감정억압과 착한 성격, 공격성의 결핍은 질병이 발생해도 갑자기 새로운 대처방식을 개발하기보다 기존의 수단과 방어체계를 동원하게 된다. 성격이 암을 발생시킨다고 볼 수는 없지만 특정의 성격적 특성이 생리적 스트레스를 더 쉽게 유발하면서 암의 발병 위험성을 증가 시킬 수 있다. 즉 '아니오.'라고 말하지 못하는 태도, 자신의 화를 인식하지 못하는 것은 자신이 자기감정을 표출하지 못하며, 욕구가 무시되고, 친절을 베푸는 일이 악용되는 상황에 놓이게 할 가능성이 높인다. 이런 상황이 장기간 반복되고 지속되면서 몸의 생리적 균형과 면역방어체계가 손상될 가능성이 높아져 질병에 쉽게 노출될 수 있다(Mate, 2015).

성격의 많은 부분은 고정된 것이라기보다 아동기 양육환경에 대처하기 위한 메커니즘이고 생존을 위해 개발된 행동패턴으로 볼 수 있다.

(3) 가치

가치란 무엇이 중요하고 이롭고 혹은 무엇이 소용없고 해로운지를 판단하는 데 필요한 내적 참조를 제공하는 외적 세계에 대한 개인의 견해이다. 가치는 행동을 유발하고 문제를 해결하는 데 도움을 준다. 사람들이 스트레스에 직면했을 때 개인의 가치는 어떤 태도를 취할지 그리고 그것을 다루기 위해 어떤 방법을 사용할지를 결정하는 데 매우 중요한 역할을 한다.

스트레스를 인생의 문제로 여기고 스트레스가 없는 삶을 추구한다면, 스트레스를 받는 자신이 부족하다고 여겨지고 좌절감을 느끼게 된다. 이때 스트레스와 자신이 추구하는 의미를 삶의 큰 맥락 속에서 탐색하는 과정을 통해 사소한 순간들을 의미 있는 시간으로 느끼도록 도울 수 있다. 이처럼 자신의 가치관을 되돌아보는 작업을 통해 스트레스 경험에 대한 사고방식과 대처능력을 변화시킬 수 있다. 가치관을 탐색하면서 도전을 피하기보다는 적극적으로 처리할 가능성이 높아지고 어려운 환경에서 의미를 발견하는 능력이 높아진다.

스트레스를 피할 수도 통제할 수도 없는 상황에서 자신의 가치관을 확인하면 스트레스에 대응하기 위한 방법을 선택할 수 있다. 가치관을 기억하고 있으면 자신의 의지에 어긋나고 통제력을 벗어난 상황으로 인한 스트레스를 경험의 확장으로 전환하는 데 도움이 된다. 그러므로 스트레스를 느낄 때 자신이 소중히 여기는 가치를 떠올리고 그 순간 그 가치를 기준으로 어떻게 행동해야 할지를 스스로 물을 수 있다면(McGonigal, 2015) 스트레스에 효과적으로 대처할 수 있을 것이다.

2) 환경적 요인

현대인이 경험하는 스트레스는 전쟁, 경제적 손실, 주위사람의 사망과 같은 외부적인 사건 그 자체이기 보다는 다른 사람이나 자극에 자신을 적응시켜야 하는 내부적인 스트레스가 더 중요한 영향을 미친다. 특히 다른 사람과의 정서적 상호관계는 우리 인생의 매 순간마다 무수히 많은 미묘한 방식으로 우리의 생물학적 기능에 영향을 미친다. Cox(1993)는 스트레스를 개인과 환경 간의 상호작용을 반영하는 심리적 상태로 정의하고 다양한 변수와 과정으로 구성된 것으로 보았다. 스트레스 상황과 그로 인한 반응(고통)을 구별하고 스트레스에 우리가 부정적으로 반응하는 데 영향을 주는 몇 가지 요인을 살펴볼 수 있다. 우선 상황에 대해 우리가 어느 정도의 통제감을 느끼는지, 스트레스 원인이 얼마나 예측가능하고 강력한지, 또 우리의 관점은 어떠한지에 달려있다. 이러한 요인은 개인이 자신을 독립된 개인으로 어느 정도 인식하고 있는지, 자신의 참모습을 얼마나 인식하는지에 달려있는데 이것은 그 개인의 어린 시절 양육 경험과 그 결과 형성된 핵심정서에 달려있다.

(1) 초기 인생경험

개인은 자신의 기질을 바탕으로 자신을 둘러싼 환경에 적응하게 되는데, 아동기 때 자신의 심리적 경계를 명확히 세우지 못하는 양육경험을 하게 되면 취약한 심리적 경계를 갖게 된다. 그 결과로 인해 타인의 침해를 허용하거나 참을 수 있는 심리적 한계를 지키지 못하는 일, 즉 심리적 경계를 지키지 못하는 일이 일상생활에서 지속적으로 일어나게 되면서 성인기에도 부정적인 영향을 줄 수 있다. 아동기부터 이와 같은 만성 스트레스에 노출되면 스트레스의 필수적인 투쟁-도피 반응 능력이 손상되고, 환경적으로 길들여진 무력감을 나타내게 된다. 이로 인해 개인 자신의 욕구보다는 타인의 욕구를 충족시키는 일이 스트레스로 경험되지 않고 정상적인 일로 느껴지면서, 내면의 스트레스는 깊숙이 억압되어 심하게는 질병으로 이어질 수 있다.

부모가 자식과의 관계 유지를 위한 일을 성공적으로 하지 못하면 아이가 대신하게 되는데, 즉 착한 소녀가 되거나 어른들과의 관계에서 안도감을 느끼기 위한 지적 영역의 과잉발달과 같은 발달에서의 불균형을 초래하게 된다. 예를 들어 근위축성 측생경화증(ALS: Amyotrophic Lateral Sclerosis)에 걸린 사람들은 아동기에 정서적 박탈이 존재하였고, 아동기 시절부터 숨겨진 만성적 스트레스의 결과 자신을 혹독히 몰아붙이고 도움이 필요하다는 것을 거부하고 신체적이든 정신적이든 고통을 부인하는 특징을 나타낸다. 이들의 친절한 태도는 세상 사람들의 기대에 반드시 부응할 필요가 있다고 스스로 강요하고, 강렬한 자아의식 대신 특정한 역할에 부응하여 자신에게 해를 입힐 지경에 이르게 된다. 즉 이들은 과잉성취주의나 만성적인 일중독을 보이며 타인에 대한 강박적인 의무감으로 인해 '아니오.'라고 거절하지 못하는 태도를 보인다. 자신의 슬픔이나 화를 받아주고 위로해주고 자제시켜 줄 사람이 아무도 없었던 아동기 경험으로 인해 감정을 강하게 억압한 결과 신체적 강직이라는 질병을 초래하게 된 것이다. 즉, 심리적 경계를 지켜주는 강력한 자기주장을 억압한 결과 건강한 균형을 벗어나게 되고 억압된 감정은 생명력을 잃는 결과를 낳았다(Mate, 2015). 이러한 양육을 제공한 부모 또한 수세대를 걸쳐 내려오는 가족사를 거쳐 고통을 겪고 무거운 스트레스에 시달린 사람들로 반복되는 패턴에서 빠져나오지 못하는 결과를 초래했을 뿐이다.

가. 가족체계

Minuchin(1975)에 의하면 예민한 아이는 부모의 감정에서 무의식적인 실마리를 포착하는데, 아동의 질병에 영향을 미치는 공통적인 가족체계의 특징을 발견할 수 있다. 즉 과잉보호나 지나치게 엄한 경우, 또는 갈등해소의 부재로 상호 의존적 관계, 심리적 경계의 침해, 다른 가족 구성원들로 부터의 미숙한 분화 등이 나타난다. 가족체계 이론에서 보면 스스로를 보호할 수 없는 어린아이에게 어른들과 안전한 관계를 맺고 있다는 인식을 위협하는 것은 무엇이든 스트레스로 작용하고, 환경변화에 대한 생물학적 반응은 우리와 다른 인간을 연결하는 대인관계 상황에서 상당히 많은 영향을 받는 것을 볼 때 적응이란 전적으로 개인 내부에서만 일어나는 것으로 볼 수 없다(Hofer, 1984).

사랑, 두려움, 화 같은 감정은 부모나 보호자들과의 본질적인 관계를 유지시켜주면서 동시에 자기보호욕구에 도움을 준다. 타인에게 인정받기 위한 방법으로 자신의 감정을 누르며, 핵심적인 욕구를 충족시키지 못하게 되면서 자신을 돌보지 못하고, 만성 스트레스에 지속적으로 노출되면 여러 가지 질병에 쉽게 노출될 수 있다. 화의 억압은 생체에 가해지는 생리적 스트레스를 증가시키는 매우 중요한 위험요인으로 다른 부정적 요인들과 함께 작용한다. 나아가 '부정적인' 감정을 느끼지 못하거나 표출하지 못하는 사람은 친구들이나 가족들과 함께 있어도 진정한 자아가 드러나지 않는 까닭에 소외감을 느낀다. 이처럼 자신에게 진실하지 못한 습관적인 감정적 패턴으로 인해 스스로 절망감을 느끼고 이러한 행동은 아무런 변화를 만들어내지 못하는 악순환, 즉 절망감이 절망감을 낳을 수 있다.

ㅁ 분화능력

Bowen(1988)의 개념으로 다른 사람들과 정서적 접촉을 하면서 정서 기능을 자율적으로 작동시킬 수 있는 능력을 말한다. 분화가 빈약하게 이루어진 사람은 자신과 다른 사람들 간의 정서적 경계가 부재하며 다른 이들이 정서 감지 과정에 압도당하는 것을 막아주는 심리적 경계가 부재하게 되어 타인의 불안을 자동적으로 흡수하여 내면에 불안감을 발생시킨다. 일반적으로 어른이 되면 정서발달을 통해 부모가 옆에 없어도 충분한 자기조절을 할 수 있는 정서적 독립을 통해 스트레스 호르몬도 균형을 이룰 수 있다. 하지만 분화가 덜 된 경우는 정서적 기능이 애착욕구, 두려움, 불안에 지속적으로 영향을 받게 되면서 잠재적 스트레스의 요인이 되고 신체적 질병을 겪을 가능성이 높다.

ㅁ 애착욕구

유아기와 아동기의 애착관계 손상은 스트레스에 반응하는 뇌 기관과 면역계에 장기적인 영향을 미칠 수 있다. 즉, 유아기의 불안정애착은 비상식적으로 확대되는 성인기의 생리적 스트레스 반응을 일으킨다. 이러한 애착욕구를 충족시키기 위해서는 물리적인 근접성이나 촉각 접촉이상의 정서적 유대관계, 특히 부모가 아이의 정서적 욕구에 맞추는 '동조'의 질이 중요하다. 동조 접촉이 원활하지 못한 경우 오직 부모가 마음에 들어 하는 모습만 보여주고 부모가 부정하는 정서반응은 억압하거나 자신을 부정하면서 자기감정을 혼자만 간직한 채 성장하게 된다. 즉, 사랑의 결핍이나 물리적 소원상태가 아니더라도 자신이 이해되고 공감되고 정서적 차원에서 받아들여지고 있다는 느낌이 들지 않는 정서적 분리를 근접분리라고 한다. 근접분리는 상호관계에서 부모 자식 간의 동조접촉이 부재하거나 방해받을 때 발생하는데 부모가 물리적으로 옆에 존재하지만 정서적으로 부재한 경우를 말한다.

근접분리로 인해 아이가 겪는 생리적 스트레스 수준은 물리적 분리가 발생하는 동안 아이가 겪는 생리적 스트레스 수준과 거의 유사하다. 근접분리는 의식적인 사고–감정의 차원이 아니라 무의식적인 생리적 차원에서 아이에게 영향을 미치고 기억되지 못해도 생물학적 과정으로 견고하게 각인된다. 즉, 근접분리에 의해 유발된 생리적 스트레스는 성인기의 삶에서도 지속적으로 의식적인 자각 없이 반복된다.

□ 보상적 과잉 독립성

아동기 시절 부모와 자식 간의 역할 역전에서 생겨난 독립성으로 이것은 아이와 온 세상과의 관계를 왜곡시킨다. 즉, 무시당한 정서적 욕구에 대한 보상심리로 모든 상황을 혼자 힘으로 헤쳐 나갈 수 있다고 믿고 아예 혼자 힘으로 해결할 수 없는 욕구는 갖고 있지 않은 척하는 방식으로 생존한다. 이러한 가식적 태도는 정서적 스트레스가 감지될 때 자신에게 맞는 크기로 축소시키고 이러한 태도는 평생 동안 지속될 수 있다.

□ 방어적 배제

아동기에 기원하는 심리적 과정으로 의식차원에서 경험될 경우 해결할 수 없는 문제를 일으킬 수 있는 느낌이나 정보는 무의식적으로 의식에서 배제시키는 것을 말한다. Bowlby에 의하면 방어적으로 배제될 가능성이 높은 정보는 과거에 처리하려고 받아들였다가 자신을 심각하게 고통에 빠뜨렸던 정보이다. 즉, 아동의 화가 부모에 의해 적절히 처리되지 못하고 거부당하면 아동은 부모와의 애착관계를 계속 유지하기 위해 내면에 굴절되어 자신에 대한 무능감과 빈약한 자아개념을 형성시키고, 이로 인해 부적절한 자기비판이 생겨난다.

□ 비합리적 신념

아동기 때 형성된 비합리적 신념은 스트레스를 더욱 가중시키고 그 결과 역기능적 상호작용을 하게 되며 대인관계에서 스트레스를 일으키는 악순환에 빠지게 된다.

– 나는 강해야 해 –

우리가 충분히 강하지 못하다고 해서 문제 될 것은 없다. 문제는 힘이 없는 것이 아니라, 자신에게 불가능한 요구를 하는 것이다. 부모가 자신을 정서적으로 지지할 수 없다는 것을 감지한 아이는 스스로 모든 것을 처리할 수 있다는 태도를 형성하고 거부되지 않기 위해서는 절대로 도움을 청하지 않고 자신이 나약하다는 사실을 결코 인정하지 않고 혼자 힘으로 모든 고난을 견뎌내야 한다고 믿는다. 타인이 도움을 청할 때는 그들이 나약하다고 비난하지 않으면서 자신에게는 더 높은 기대치를 부여하는 이중 잣대는 스스로에게 엄격하고 늘 압박감을 느끼며 살게 된다.

– 화를 내는 건 옳은 일이 아니야 –

아무리 끔찍한 상황에서도 화를 내서는 안 된다는 메시지를 통해 화를 적절히 표출하지 못하게 된다.

– 내가 화를 낸다면 사랑스러운 사람이 못 될 거야 –

화를 억압하는 태도는 다른 사람들이 자신을 좋아해 주었으면 좋겠다는 욕망에서 생긴다.

– 내가 온 세상을 다 책임져야 해 –

세상을 구하려고 아무리 노력해도 성공하지 못하는 것은 큰 스트레스가 되었고 올바른 해결을 위해 더 열심히 일하고 더 열심히 공부하고 주위사람을 행복하게 만드는 것은 나의 임무이다.

– 나는 무슨 일이든 처리할 수 있어 –

누구보다 더 많은 일을 더 빠른 시간 안에 할 수 있는 사람이라는 자부심이 중요하다.

- 다른 사람들이 나를 원하지 않아 -

- 나는 뭔가 일을 안 하면 존재하지 않아. 내 존재를 증명해야 해 -

- 보살핌을 받을 자격이 있으려면 몸이 아주 아파야 해 -

이러한 비합리적 신념은 어린 시절 세상과 상호작용한 것들을 마음속 깊은 곳에 해석한 내용에 근거하여 생겨난 무의식적 믿음이다. 이러한 믿음들로 인한 과도한 스트레스 때문에 질병이 유발될 수 있다. 그러므로 이러한 비합리적 믿음으로부터 자신을 해방시키는 것이 만성 스트레스에 벗어날 수 있는 길이며, 이를 위해서는 스스로 자신의 삶을 재고하고 재인식하는 과정이 필요하다.

(2) 사회 문화적 요인

인간은 독립생활을 하는 동물이 아니라, 가족이나 종족과의 강력한 정서적 유대관계가 생존요건이 되는 사회동물이다. 인간의 사회적 정서적 유대관계는 우리의 신경학적, 화학적 체질구성에 필수적인 부분으로 다른 사람들과 일상에서의 상호작용을 통해 체내의 생리적 변화를 일으킨다. 이처럼 군집생활을 하는 인간의 생리적 항상성과 궁극적인 건강상태는 물리적 환경뿐만 아니라 사회적 환경에 의해서도 영향을 받는다. 생물심리사회적 관점에서 보면 인간은 자신의 생물학적 과정, 심리적 기능, 대인관계, 사회적 관계가 서로 영향을 주고받으며 함께 작용한다(Seeman & McEwen, 1996).

가. 사회적 요인

개별인간들이 여러 세대에 걸친 가족체계의 일부라면 개인과 가족들은 그 보다 훨씬 큰 단위, 즉 그들이 소속된 사회와 문화의 일부이기도 하다. 자본주의 모델에 따라 조직된 산업사회는 구성원들에게 많은 압력을 가하고 정서적, 생리적 대가를 요구하고 있다. 가족의 토대가 훼손되면서 소속감과 유대감이 사라지고, 감각의 결핍으로 인한 발병의 요인이 증가하고 있다. 사회적 지지의 부재, 사회적 고립이나 소외감은 호르몬 조절에 영향을 미치고 긍정적인 사회적 관계가 스트레스 조절에 영향을 주는 것으로 밝혀졌다. 심각하게 위협적인 사건들과 사회적 지지의 부재 사이에 상호관계가 있고, 실제 고립된 것뿐만 아니라 고립되어 있다는 느낌이 인간의 생리적 기능에 영향을 준다. 반면 사회적 연결과 지지는 생리적인 스트레스의 개선에 도움이 되므로 사회적, 대인관계의 안정과 인정받기 위한 감정의 억압이나 차단이 아닌 진정한 자율사이의 균형을 통해 생물학적 스트레스가 조절될 수 있다.

나. 문화적 요인

개인 가치가 사회적 윤리에 의해 과도하게 강조되면 자신의 가치가 공리적인 기여에 의해서만 평가된다는 느낌을 받을 수 있고 자신의 경제적 가치가 상실되면 희생될 수 있다는 느낌을 받게 된다. 정신과 신체를 분리한 의료행위 또한 우리 문화의 주요 움직임이 되어 사회경제적 구조와 관행을 질병과 건강한 삶과 연관 지어 생각하기 쉽지 않다. 하지만 생업의 긴장과 같은 경제적 요인이 전반적인 스트레스와 함께 우리 건강에 미치는 영향은 물론 사회적, 직업적 측면에 미치는 스트레스도 고려해야 한다. 즉, 행동과 질병이 세대를 걸쳐 이어진다는 것과 가족과 인간의 삶에 미치는 사회 문화적인 영향을 고려하여 개인의 스트레스를 입체적인 시각으로 다루어야 한다.

□ 자기조절 능력

자기조절의 궁극적 목표는 한 개인이 절대적 의존에서 벗어나 독립적 상태로 성장하도록 촉진하는 일, 즉 성숙한 개인들이 공동체 내에서 상호의존하면서 성장하도록 돕는 일이다. 그러므로 발달이란 완전한 외부조절에서 자기조절로 이동해나가는 과정으로 자기조절이 잘 되는 사람은 공동체 안에서 다른 사람들과 유익한 상호작용을 하는 능력을 가진 사람을 말한다. 발달은 안정욕구에서 자율충동을 향해, 애착에서 개성적인 존재를 향해 서서히 변화하는 것으로 자기조절능력이 커지면 선택의 자유에 대한 욕구가 고조된다. 이러한 자율을 해치는 것은 주요한 스트레스의 원인으로 경험되고 사회적 환경에 효과적으로 반응하는 능력이 결핍되거나, 자율성이 방해받아 무력감을 느끼게 되면 스트레스가 더욱 증가하게 된다. 자율은 우리의 삶이 의존하는 타인과의 사회적 관계가 훼손되지 않는 방식으로 행사되어야 한다. 하지만 위협적인 대인관계에서 스트레스를 최소화하기 위해 사람들은 자율을 일부분 포기하기도 한다. 이와 같이 자율을 포기하는 것은 대인관계의 안정을 위해 필요하고 주관적으로 안도감이 느껴지는 것처럼 보이기도 한다. 하지만 인정받기 위한 방법으로 자신의 정서적 욕구를 만성적으로 억압하면 스트레스는 증가하고 질병이라는 형태로 대가를 치룰 위험성이 증가할 수 있다.

□ 적응력

스트레스, 건강, 질병을 다룸에 있어 가장 핵심적인 것은 적응력의 개념이다. 적응력이란 외부의 스트레스에 대해 경직되지 않고 유연하게 창의적으로 과도한 불안감 없이, 감정에 압도되지 않고 반응하는 능력이다. 인간의 적응력은 가족세대들의 분화와 적응력 정도에 의존하며 외부적 스트레스 요인도 영향을 미친다. 신체질환 발생의 중요한 변수가 개인의 적응력이고 그 적응력의 정도는 여러 세대에 걸친 정서적 과정에 의해 결정되기 때문에 신체 질환은 개인의 경계를 넘어 확장된 대인관계 과정의 한 증상으로 볼 수 있다. 즉, 질병은 현재의 세대와 과거의 세대들을 포괄하는 가족정서체계 질환으로 볼 수 있다.

□ 소득 불균형

한 사회의 소득 불균형이 심화될수록 구성원의 건강이 나빠지고 사망률이 높았으나 소득 균형이 잘 이루어지면 사회의 빈곤층과 부유층 모두가 건강한 것으로 나타났다. 또한 낮은 사회경제적 지위(SES)는 의료 접근성의 곤란과 교육기회의 부족으로 인해 가난한 사람들은 일상에서 만성적으로 스트레스를 받을 수 있다. 생활수준의 만족도, 미래의 재정적 안정성에 대한 느낌과 풍요 속의 빈곤과 같은 상대적 박탈감이 스트레스에 더 안 좋은 영향을 미치는 것으로 나타났다. 삶에서 일어나는 사건을 스스로의 노력 탓으로 돌리는 것은 특권층에서나 가능하며 빈곤, 교육, 취업의 기회 제한, 편견과 차별 속에서는 가능하지 않다. 소득 불균형, 신뢰의 결여, 사회적 단결의 부족이 계층 간의 긴장감을 높이며 열악한 건강과 정신적 스트레스를 높이고 개인의 통제 책임을 실재보다 더 강조하는 사회적 풍조(예: 강간 사건에 대해 '그렇게 옷을 입은 것은 그걸 원한다는 뜻이야')는 개인의 스트레스 반응에 영향을 줄 수 있다.

다. 사회적 지지

- 주변 사람들의 반응은 어떠한가?
- 개인은 주변사람의 반응을 지지적으로 지각하는가? 위협적으로 지각하는가?
- 얼마나 다양한 사회망과 지원을 통해 스트레스의 충격을 완화하거나 최소화할 수 있는가?

사회적 지원은 다른 개체와의 상호작용을 통해 스트레스 충격을 감소시킨다. 사회적으로 고립된 사람은 그렇지 않은 사람보다 2~5배로 고혈압, 심장병과 같은 스트레스성 질환에 걸릴 가능성이 높다. 또한 스트레스는 특정 환경과도 관련되어 있다. 도시 생활의 소음, 교통 혼잡, 오염, 폭력의 위협 등이 만성 스트레스 원이며, 시골의 경우는 고립과 병원·문화시설의 부족 등이 스트레스 원이 될 수 있다. 이와 같이 사회적 환경이 인간의 심리적, 신체적 스트레스에 미치는 영향도 고려되어야 한다(Schacter, Gilbert, & Wegner, 2011).

3) 스트레스 지각요인

(1) 예측 가능성

- 스트레스 상황을 얼마나 잘 예측할 수 있는지, 또 예측할 수 있다고 여기는가?

대체로 스트레스 원을 예측할 수 있으면 스트레스가 완화되는데, 이처럼 예측이 가능하게 하는 정보는 우리가 스트레스를 받는 동안 어떤 전략으로 대처하는 것이 좋을지 알려주어 스트레스에 대처하는 데 도움이 된다. 예를 들면 치과 치료 시 "두 번만 더하면 끝나요."라는 멘트는 환자가 미리 마음의 준비를 할 수 있도록 돕기 때문에 훨씬 스트레스가 줄고, 낙하산 훈련 같은 반복된 훈련은 예측 가능한 스트레스를 반복해서 겪게 하여 낙하산훈련에 익숙해져서 스트레스 반응을 낮출 수 있다.

적당한 통제 및 예측할 수 없는 것을 자극이라 하고 이러한 자극이 항상 부정적인 것만이 아니고 놀이기구처럼 우리를 행복하게도 한다. 하지만 어떤 예측 정보는 스트레스 총량을 증폭시킬 수 있고(사고로 다리가 박살날 것이다.), 정보가 애매한 예측(오렌지 정보)이거나 상황이 몹시 두려운 때는 그것을 예측할 수 있다는 사실이 위로가 되지 않는다. 스트레스와 그 빈도가 중등도일 때, 정확한 정보가 일정한 시간 이전에 주어질 경우에만 도움이 되고 예측 가능성이 상실되어도 '상황이 좋아지고 있다는 인식'(복권이 당첨되는)은 예측이 불가능해도 견딜 수 있다. 또한 변화가 몹시 예측 불가능하다면 그것이 좋은 방향의 변화(행복한 변화를 원하지 않고 고통 속에서 안주하려고 하는 경향)라 하더라도 스트레스로 작용할 수 있다.

(2) 통제 가능성

- 자신이 그 상황을 통제할 수 있다고 느끼는가?

스트레스의 반대는 완전한 이완 혹은 수면상태가 아니라 통제를 하고 있다는 적극적인 느낌이다. 개인적 통제는 고요함을 느끼는 것과 유쾌한 활력을 느끼는 것으로 자신이 즐기는 것에 깊은 흥미를 느낄 때 경험할 수 있다. 현재 발생하고 있는 것이 무엇이든 분명하게 생각할 수 있는 능력을 활용함으로써 스트레스를 효과적으로 다룰 수 있다(Ford & Wortmann, 2012).

실제로 통제를 '행사하는 것'보다 통제할 수 있다는 '믿음'이 스트레스를 줄여준다. 자신이 얻을 수 있는 보상을 자신이 통제하는 것이 그것을 공짜로 얻는 것 보다 바람직하게 느끼는(실험연구에서 쥐가 그냥 먹이를 먹는 것보다 자기가 레버를 눌러 먹이를 얻는 것을 좋아함) 것으로 나타났는데, 이를 테면 대부호의 자식으로 태어나 목표도 없고, 노력도 하지 않으며, 불확실성이 전혀 없는 인생이 항상 행복하지만은 않다.

사람들은 예측하고 통제할 수 있을 때 대체로 불안이 줄어드는데 이를 적극적으로 활용하여 삶을 통제하고 원하는 결과를 얻기 위해 '성공을 마음속으로 그리는' 연습을 할 수 있다. 반대로 심리적 면역을 위해 스스로 약한 형태의 스트레스 상황에 노출시키는 것도 도움이 된다. 사전 모의 연습을 하나의 예로 들 수 있다. 또 만약 미래에 다가올 도전에 직면할 것을 예측한다면, 그 도전에서 무엇을 할 것인지 미리 떠올려보는 것으로도 통제감을 더 느낄 수 있다.

평소에 아무리 기능을 잘 하고 있어도 중요한 스트레스 반응을 할 때 분명히 생각하지 못하고 개인적 통제감이 급격히 떨어질 수 있다. 이것은 무언가 잘못되었다는 것이 아니고 우리가 언제나 분명하게 생각할 수 없기 때문에 나타나는 결과일 뿐이다. 또한 외상적이고 끔찍한 일에 직면했을 때의 통제에 대한 부적절감으로 분노하며, 충동적이 되기도 하고 두려워하게 되며 절망하기도 한다. 이런 경우 통제에 대한 인식을 최소화하여 '네 잘못이 아니야, 당신은 최선을 다 했어.'라고 말해 주는 것만으로도 스트레스 감소에 도움이 될 수 있다. 반대로 통제할 수 없는 스트레스를 스스로 통제할 수 있다고 믿고 있으면 피할 수 없는 사태가 발생했을 때 그것을 자신의 탓으로 돌릴 수 있기 때문에 스트레스가 더욱 가중될 수 있다. 스트레스를 통제한다는 인식의 영향은 사건의 정황, 전후관계에 달렸다. 통제의 인식을 인위적으로 바꾸기(내가 그것을 하지 않았다면 더 큰일이 났을 거야.)가 도움이 되지만 스트레스가 정말 심할 땐(막을 수 없었던 재난의 경우) 인위적 통제인식이 더 해로울 수 있다.

궁극적으로 스트레스 자극은 사람들에게 무엇인가를 하게 만드는 것으로 스트레스를 받으면 스트레스 요인을 제거하거나 극복하기 위한 행동을 취하게 한다. 하지만 이러한 도전에 대항할 방법이 없고, 아무 것도 할 수 없을 때 스트레스를 더 심하게 느끼게 된다. Weiner(1986)의 통제 이론에 근거하여 스트레스 원인을 세 가지 차원으로 분류할 수 있다. 외적인 것과 내적인 것, 통제 가능한 것과 통제 불가능한 것, 안정적(예측가능)인 것과 불안정적인 것으로 분류하고 원인들을 연결해 보면 총 8가지로 분류된다.

외적 원인				내적 원인			
통제 가능		통제 불가능		통제 가능		통제 불가능	
안정	불안정	안정	불안정	안정	불안정	안정	불안정
*학기말 시험	승진	근로시간 변경	자동차 사고	*기술 배우기	높은 점수받기	시차	질병

*긍정적 스트레스 경험

스트레스 사건이 내·외적으로 통제 가능하면서 안정적이고 예측 가능한 사건이라면 희망적이고 좋은 스트레스로 여겨지며 더 안전하고 자신감을 느낄 수 있다. 하지만 통제할 수 없고 갑자기 일어나는 사건인 경우 그것을 해결하려하기 보다 회피하려는 모습을 보인다. 이로 인해 더 심한 스트레스 상황에 놓이게 되고 악순환이 일어나 종국에는 신체적·심리적으로 유해한 영향을 미치게 된다. 하지만 도저히 통제할 수 없는 일에 직면했을 때 강력히 내재화된 통제감을 가지고 있는 사람이 외재화된 통제감을 가진 사람보다 더 큰 스트레스 반응 보이는 것과 같이 스트레스에 대처하기 위해 단순히 오직 통제를 최대로, 예측 가능성을 최대로 하는 것으로 해결될 수는 없다.

자신이 그 상황을 통제하거나 예측할 수 없다고 느끼고 적절한 욕구불만의 배출구나 주변의 지원이 상실되어 현재의 상황이 더 악화될 것이라고 지각할 경우 스트레스는 더욱 심해지는 악순환을 가져온다. 나쁜 일이 일어나는데 내가 어쩔 수 없고 전혀 예측할 수 없는 상황에서 더욱 고통을 받겠지만, 상황이 좋아지고 있다고 인식하는 경우 예측이 불가능해도 견뎌낼 수 있다. 비록 그것이 좋은 방향이라 할지라도 변화가 몹시 예측 불가능할 경우, 또 상황이 몹시 두려운 경우 그것을 예측할 수 있어도(질병의 악화) 스트레스의 요인이 된다. 하지만 약간의 통제 및 예측 가능성의 상실은 롤러코스터를 타는 것, 무서운 영화를 보는 것처럼 삶의 재미와 활력을 부여할 수 있고 권태와 같은 너무 많은 예측 가능성은 오히려 우리 삶을 우울하게 만든다.

이와 같이 스트레스 반응은 사태가 더욱 악화될 것이라고 예측하거나, 어떤 상황의 통제가 불가능하다고 생각하는 심리적 변수 등에 의해 조절되거나 촉발되는데 이러한 변수들은 스트레스를 지각하는 개인의 정신적 필터와 사회적 지지체계에 의해 영향을 받는다.

4. 스트레스 반응이론

적당한 양과 적절한 강도의 스트레스는 신체적·정신적 건강에 유익하다. 나아가 우리가 제대로 기능하기 위해서는 때때로 스트레스가 적당히 필요하기도 하다. 대체로 우리들은 평소에 스트레스를 잘 다루고 있다고 여기지만 여전히 스트레스에 사로 잡혀 순간순간 스트레스로 인한 붕괴를 경험하고 압도당한다. 이러한 스트레스 반응이 반복적으로 일어나거나 아주 천천히 잘 알아차리지 못한 채 누적되고 지속되면 종국에는 그동안 잘 처리해오던 일상적인 수준의 스트레스조차 과도하게 느끼고 통제감을 상실할 수 있다. 이로 인해 스트레스에 적절하게 대처하기 위해서 상당한 노력이 요구되거나 더 나은 판단이나 대처하려는 시도가 실패하여 삶의 위기에 처하기도 한다(Kalat & Shiota, 2007).

| 일상적 스트레스 반응의 예

- 논쟁 중에 실제로 의도하지 않은 말을 하는 자신을 발견한다.
- 누군가와의 약속을 잊어버려 그들의 실망과 자기의 죄책감을 처리해야 한다.
- 괴롭힘이나 학대를 당할 때 주장하는 대신 굽힌다.
- 경쟁 때문에 감정적으로 압도되어 제대로 생각할 수 없거나 불안해서 숨이 막힌다.
- 충동적으로 행동하고, 잘못했다고 느낀다.
- 책임질 일이 있을 때 누군가를 비난하는 자신을 발견하다.
- 앞으로 나아가야 할 때 과거에 집착한다.
- 자기 자신이나 누군가를 용서할 수 없다고 느낀다.
- 마감시간이 되어도 지체하거나 포기한다.
- 가장 사소한 일조차 실패한다.

우리가 대상을 어떻게 생각하는지에 따라 대상이 우리에게 미치는 영향력이 달라진다. 사람들의 인식이 변하면 신체적 반응도 달라진다. 스트레스는 스트레스 요인과 처리 시스템 사이의 상호작용의 결과로 나타난다. 그 처리기관이 바로 뇌 감정중심부의 영향을 받으며 작동하는 신경계이다. 또한 생애초기에 형성된 핵심감정과 신념은 평생 동안 우리의 스트레스 반응에 결정적인 영향을 미친다. 그러므로 스트레스는 외부의 자극문제일 뿐만 아니라 개인의 반응문제이기도 하다. 이러한 반응은 실생활에서 개인의 타고난 기질, 삶의 이력, 감정 패턴, 신체적·정신적 능력, 사회적 지원, 경제적 지원 등에 따라 차이가 있기 때문에 보편적인 스트레스 요인은 존재하지 않는다.

스트레스는 개인이 이를 어떻게 지각하는가? 즉 위협적(극복할 수 없는 것으로 믿는 것) 혹은 도전적(통제할 수 있다고 자신하는 것)으로 지각되는가에 따라 신체 반응이 달라진다(Blascovich & Tomaka, 1996). 예를 들어 시험을 앞둔 수험생이 잘 준비한 경우에는 시험을 도전으로 대응할 수 있지만, 시험 준비를 소홀히 하거나 미룬 경우에는 위협으로 느낄 수 있다. 생리적으로는 위협과 도전 반응 모두 심박률을 상승시키기 때문에 두 학생 모두 시험을 앞두고 긴장할 수 있다. 하지만 시험 준비를 못하거나 하지 않아 위협으로 반응한 수험생의 경우는 혈관수축이 증가되는 데 비해 도전반응을 한 경우는 오히려 혈관은 이완되고 집중력과 기억력이 더 상승한다(McGonigal, 2015).

일반적으로 스트레스 반응은 특정 스트레스 원인과 무관한 보편적 반응을 보이며, 스트레스 반응을 반복적으로 작동하거나 스트레스 사건이 끝났는데도 스트레스 반응을 차단할 수 없다면 우리 몸에 부정적 영향을 미친다. 즉 스트레스 반응이 만성화되면 성장과 면역력이 감소하고 고통을 지각하는 능력과 기억력이 감소하는 반면 감각 예민성은 증가한다. 본래 스트레스 반응은 우리의 안전과 생존을 보장하는 것을 최우선으로 삼아 진화한 것이다. 경고 반응을 통해 위협적인 상황에서 적응하기 위해 주의력을 강화하고 신체를 긴장시켜 문제를 해결한 후 원상태로 되돌리려는 탄력적이고 강력한 시스템이다. 따라서 스트레스 반응은 위협에 대한 신체의 반응으로 이해될 수 있지만 동시에 위협에 직면했을 때 항상성을 유지하기 위한 반응으로 이해될 수 있다. 그러므로 스트레스가 해로운 경우는 스트레스에 압도당하거나 만성화되어 원상태로 돌아가지 못하고 높은 각성 상태에서 활성화되어 신체적, 심리적 손상을 일으킬 때이다. 우리를 보호하기 위해 고안된 시스템이 오히려 우리를 위협하는 상태에 이르게 하고 신항상성 과부하(allostatic load)를 일으켜 소진상태가 되고 심한 경우는 위기에 처하게 할 수 있다(McEwen & Lasley, 2002).

스트레스 반응은 Cannon에 의한 투쟁-도피반응을 시작으로 Selye의 일반적 적응 증후군에 따른 3단계 반응으로 설명되고 있고, 최근 연구에서는 생존 본능에 대한 원시적 반응에서 한 걸음 나아가 스트레스를 적극적으로 대처하고 활용하도록 함으로써 현대인의 삶에 더 효과적인 것으로 여겨지는 도전반응과 배려-친교반응으로 점차 진화되고 있다. 즉, 생존 전략을 위한 Cannon의 투쟁-도피 스트레스 반응은 시대와 환경이 달라진 현대인의 삶에 그다지 맞지 않는 불일치 이론으로서 우리 신체가 반응하는 유일한 전략으로 여기기보다는, 현대인의 다양한 심리적 반응과 사회적 반응을 반영한 도전 반응이나 배려-친교반응을 활용하여 상황과 맥락에 맞게 유연하게 사용하는 것은 고려할 만하다(McGonigal, 2015).

1) 투쟁-도피반응(Fight or Flight Response)

응급 스트레스 상황에 대처하기 위한 정서적이고 생리적 반응으로 신체는 지각된 위협에 반응하기 위해 HPA(시상하부, 뇌하수체, 부신피질)축을 중심으로 자원을 신속하게 동원한다. 투쟁–도피반응은 급속히 에너지가 요구되고 이를 위해 신체는 저장된 지방과 근육을 사용한다.

2) 일반적 적응 증후군(GAS: General Adaptation Syndrome)

투쟁–도피 반응이 만성적으로 되풀이되면 일반적 적응 증후군이 초래되며 Selye(1978)에 의하면 스트레스 반응은 다음과 같이 3단계로 나눌 수 있다.

□ 경고 단계(alarm stage)

초기반응으로 신체는 위협에 반응하기 위해 자원을 신속하게 동원한다. 에너지가 요구되고 신체는 저장된 지방과 근육을 사용한다. 이 경고단계는 Cannon의 투쟁–도피반응과 동일하다. 스트레스에 대한 저항이 낮다. 스트레스를 인식하고 자원을 동원한다.

□ 저항 단계(adaptive–resistance stage)

신체가 스트레스 원에 대처하는 동안 신체의 각성 수준이 높아진다. 지방과 근육자원을 지속적으로 사용하기 때문에 불필요한 과정, 즉 소화, 성장, 성적 충동 등이 중단된다. 월경이 중단되며 테스토스테론의 정자의 생산이 감소된다. 신체는 회복되지 못한 채 저항을 위해 혹사당하며 모든 즐거운 행동이 중단된다.

□ 소진 단계(exhaustion stage)

신체의 저항이 붕괴된다. 저항 단계 동안의 많은 방어들이 점차적으로 손상되고 결국에는 신체의 손상이 일어나게 된다. 소진 단계에서의 스트레스 영향은 노화, 신체 장기의 회복 가능하지 않은 손상 혹은 사망이다. 만성 스트레스로 인한 피로단계로, 저항이 붕괴되어 스트레스 관련 질병이 발생하고 방어력이 고갈된다.

GAS는 면역체계와 심장혈관 건강에 영향을 미치며 추후 전반적인 건강에 위험을 일으킨다. Selye(1978)의 이론에 근거하면 글루코코티코이드(코티졸과 같은 호르몬)의 장기적 생산이 신체와 뇌의 손상을 초래하기 때문에 소진이 일어난다. 즉, 글루코코티코이드는 백혈구의 생산을 방해하며 면역체계를 손상시키고 감염과 종양성장에 대한 민감성을 증가시킨다(Sapolsky, 1994).

3) 신항상성(Allostasis)과 알로스테틱 부하(Allostatic load)

항상성(Homeostasis)은 신체가 내부 환경을 일정한 상태로 유지하는 데 필요로 하는 이상적인 산소수준, 산성도, 온도 등이다. 하지만 스트레스는 이러한 신체의 항상성을 깨뜨릴 수 있는 외부의 어떤 것으로 조화가 깨지거나 항상성이 위협받는 상태에서 스트레스 반응은 항상성을 재정립하기 위해 신체가 하는 일을 말한다. 신항상성(allostasis)이란 항상성에 대한 현대적 개념으로 유기체가 다양하고 변화하는 환경에 스스로 변화시킴으로서 안정을 유지하는 역동적이고 복잡한 시스템을 일컫는다(McEwen, 2002).

(1) 단기적 알로스테시스(Selye의 경고, 저항단계)

갑작스럽고 정서적인 자극은 자율신경계, 특히 교감신경계를 흥분시켜 심박동, 호흡량이 증가하고 발한, 에피네프린 분비, 소화기능 감소 등 비상사태에서 격렬하고 위급한 행동들을 취할 수 있게 신체를 준비시키지만 오래 유지되지 못하고, 지속적인 흥분을 위해 HPA(시상하부, 뇌하수체, 부신피질)축이 발동된다. 시상하부는 뇌하수체 전엽에 호르몬을 보냄으로써 스트레스에 반응하고 뇌하수체 전엽은 부신피질 자극호르몬을 분비한다. 부신은 신진대사를 높이고 에너지원의 가용성을 증가시키는 역할을 하는 코티졸이라는 일명 스트레스 호르몬을 분비시키는데 코티졸은 탄수화물, 지방, 단백질과 같은 세 가지 원료를 결합시켜 혈류로 진입한다. 단기간의 적당한 수준의 코티졸 증가는 혈당치를 높일 뿐만 아니라 면역체계의 부분들도 자극시키며 바이러스에서 종양까지 여러 질병들과 싸우는 것을 돕는다. 또한 약간의 스트레스는 부신이 코티졸과 다른 연관된 호르몬들을 분비시키게 함으로써 부분적으로 기억력을 향상시키고 면역체계, 혈액순환에 좋은 자극제가 되지만 강한 스트레스와 높은 수준의 스트레스 호르몬들은 기억력을 손상시키게 된다.

(2) 장기적 알로스테시스(Selye의 소진단계: 알로스테틱 부하)

스트레스에 대한 알로스테틱 초기 반응이 면역체계를 활성화시키더라도 장기적인 알로스테틱 부하는 면역체계를 약화시킨다. 즉, 장기적인 높은 스트레스가 코티졸 수준을 높이고, 면역기능을 감소시키며, 건강에 해를 끼치는 것으로 알려졌다. 장기적인 코티졸 수준의 증가는 기억력에 중요한 뇌의 영역인 해마에 점진적 손상을 입혀 기억력 손상을 가져온다(Cameron & Mckay, 1999).

이러한 신항상성을 유지하기 위한 부담으로 인해 전신이 소모되며 스트레스 반응으로부터 너무 천천히 회복되어 스트레스에 대한 반응이 반복적으로 작동되거나 스트레스 사건이 끝났음에도 스트레스 반응을 차단할 수 없다면 질병을 일으키는 과부하와 소진에 이르게 된다. 다시 말하면 현대 사회에서 스트레스 반응을 촉발시키는 사건들은 더 이상 도전이나 도망으로 해결되지 않기 때문에 신체를 보호하고자 고안된 이 시스템은 오히려 신항상성 과부하로 인해 신체를 망가뜨리고 아프게 만들어 스트레스로 나가 떨어지게 되는 것이다. 특히 현대인의 불규칙한 식생활, 수면습관, 운동부족 등은 이러한 악순환을 심화시킨다. 또한 만성적이고 반복적인 스트레스가 자동으로 직접 병들게 하기 보다는 병이 날 가능성과 위험성을 높이므로 적절한 스트레스 반응이 우리의 목숨을 지켜주기도 하지만 장기적으로는 우리를 병들게 할 수도 있는 것이다.

3) 도전 반응(Challenge Response)

자신감을 증가시키고 행동을 유발하며 경험에서 교훈을 얻도록 돕는 반응으로 생존이 위태로운 상황에 놓이면 투쟁－도피 반응을 보일 수 있다. 하지만 스트레스의 위협성이 감소하면 뇌와 신체는 도전반응을 보인다. 투쟁－도피 반응과 마찬가지로 도전반응은 에너지를 발생시키고 심장박동수가 올라가면서 기분 좋은 화학물질들이 갑자기 많이 분비된다. 또한 집중력이 높아지고 DHEA의 수치가 올라가면서 스트레스의 경험이 장점으로 끌어올려진다. 몰입상태와 같은 스트레스 에 대한 반응은 정신적 자원과 육체적 자원을 활용할 수 있도록 만들어 결과적으로 자신감이 향상되고 최고의 성과가 나온다. 스트레스 상황을 자신의 기술이나 지식 또는 장점을 개선할 기회로 생각하는 도전반응을 통해 경험을 통해 배울 수 있는 가능성을 증가시킨다.

4) 배려-친교반응(Tend-and-Befriend Response)

배려－친교반응은 용기를 북돋아주고 배려를 유발하며 사회적 유대관계를 돈독히 해주는 반응으로 옥시토신에 의하여 형성된다. 생존과 관련된 투쟁－도피 반응과는 달리 우리가 소중히 여기는 사람들과 공동체를 보호할 동기를 부여하고 실행에 옮길 수 있도록 용기를 불어 넣어 준다. 친구나 사랑하는 사림과 내화틀 나누고 그들에게 도움을 구하라고 격려하는 것, 나쁜 일이 벌어져 자기 사람들을 보호하라고 용기를 불어 넣어 주는 것, 부당한 일에서 공동체를 보호하고 싶은 마음이 친사회적인 스트레스 반응이다.

Taylor 등(2000)은 스트레스 상황에서 성별에 따라 스트레스 반응이 다르다고 지적하면서 투쟁－도피는 남성들이 스트레스를 다루는 방법이며 여성의 경우 스트레스를 받는 동안 옥시토신 호르몬이 방출되어 사회적 활동에 참여하게 되고 그 결과 심리적 스트레스 수준이 완화되는 ‘돌봐주고 우호적인(tend and befriend)’ 반응 기제를 보인다고 밝혔다. 옥시토신이 다양한 맥락에서 사회 응집력을 촉진하는 적응적 방식으로 항스트레스 호르몬 역할을 한다. 환경 내 사회적 신호(social cue)가 안전하다고 해석되면 옥시토신은 친사회성을 향상시키지만, 환경이 안전하지 않다고 여겨지면 옥시토신은 더 방어적이고 반사회적인 감정과 행동을 증가시키는 것으로 나타났다. 또한 인생초기 경험이 옥시토신 시스템에 영향 미치는데 아동기 초기 트라우마(불안정 애착, 아동기 학대, 정신건강문제로 발전하는 주요 기질적 요인 등)가 옥시토신 시스템의 역조절 기능을 하고 그 결과 만성장애(경계선 성격장애, 애착 불안 등)를 겪은 개인들은 사회적 환경을 불확실하고 부정적으로 보는 공격적인 성향을 촉진시키는 것으로 나타났다(Olff, Frijling, Kubzansky, Bradley, Ellenbogen, Cardoso, Bartz, Yee, & Zuiden, 2013).

배려-친교반응은 공포를 줄이고 희망을 키우도록 만들어진 생물학적인 반응으로 뇌의 세 가지 체계를 활성화시킨다(Keltner, Dacher, Kogan, Piff & Sartina, 2014).

1) 대인배려체계: 옥시토신에 의해 조절되어 공감, 유대감, 신뢰감이 깊어지고 뇌의 공포중추를 억제해 용기를 북돋운다.
2) 보상체계: 도파민이 분비되면서 뭔가 의미 있는 일을 해낼 수 있다는 낙관적인 기분이 들면서 행동을 취할 수 있도록 뇌를 준비시킨다.
3) 조율체계: 세레토닌에 의해 지각력, 직관력, 자제력이 강화되고 지금 필요한 것이 무엇인지, 자신의 행동이 긍정적인 영향을 미치도록 돕는다.

5. 스트레스 반응

1) 스트레스와 신체반응

스트레스 반응은 특정 스트레스와 무관한 보편적 반응으로 생리적 차원에서 근육의 긴장, 떨림, 통증이 나타나고 심장박동의 증가, 호흡 불규칙, 위장 기능장애 등이 나타난다. 이러한 신체적 반응은 자율신경계와 내분비샘의 기능이 활성화되어 스트레스의 위협에 대응하기 위해 일시적으로 많은 에너지를 준비할 때 나타나는 현상이다. 만약 이러한 상태가 종료되지 않으며 지속되고 만성적으로 발생하면 고통을 지각하는 능력이 감소되고, 면역력이 저하되며, 기억력 감퇴, 감각 예민성이 증가하는 등 생리적으로도 부정적 변화가 발생한다.

(1) 스트레스와 신체기관

뇌가 스트레스를 감지하면 경보시스템은 신경계를 통해 신체가 우리를 보호하도록 준비한다. 정상적인 스트레스 반응은 다음과 같다.

- 긴장이 증가한다.
- 심박 수가 올라간다.
- 땀을 흘린다.
- 호흡이 가빠진다.
- 떨린다.

스트레스에 대한 신체 반응은 크게 세 가지 종류의 조직과 기관에 영향을 미친다. 먼저 호르몬계의 부신, 면역계의 비장, 흉선, 림프선, 소화기 계통의 궤양들을 들 수 있다. 스트레스에 노출되면 유기체는 우선 위협적인 응급상황에 대항하기 위한 시상하부－뇌하수체－부신(HPA)축을 활성화하는 투쟁 혹은 도피(fight or flight response)반응을 나타낸다. 심장박동과 혈압을 상승시키고 혈당을 증가시켜 공격이나 도피를 위해 근육에 더 많은 산소를 제공하여 위협에 반응하기 위해 많은 에너지를 소비하면서 준비태세를 갖추는 것이다. 신체가 스트레스 원에 대처하는 동안 신체의 각성수준이 높아지면서 소화, 성장, 성적 충동 등과 같은 모든 즐거운 행동이 중단된다. 이러한 반응이 지속되면 GAS가 초래되고 면역체계와 심혈관 건강에 영향을 주어 점차적으로 손상을 초래하게 된다.

또한 에너지 생산을 돕는 글루코코티코이드(glucocorticoids)의 장기적 생산이 면역체계를 손상시키고, 감염과 종양성장에 대한 민감성을 증가시킨다. 이처럼 감염에 대한 취약성이 증가되면서 질병 가능성이 높아지고, 상처회복과 예방에 관여하는 면역반응을 감소시킨다. 스트레스로 인해 활성화된 교감신경계의 각성과 지속적인 혈압상승이 혈관을 손상시키고 심장질환의 가능성을 높이는 것으로 나타났다.

급 성 반 응	만 성 반 응
아드레날린 증가(자율신경계)	코티졸 증가
심장박동 수 증가(심장)	심장과 동맥의 지속적인 증가
혈당 증가(에너지 대사)	과다 당분 지방으로 저장
향상된 면역 기능	염증 증가
개선된 단기 기억력	의사결정 능력 약화

□ 정신 신경 내분비계(Psychoneuroimmunoendocrine System: PIN)

PIN의 공동임무는 생명체의 발달, 생존, 번식을 보장하는 것으로 뇌와 면역계, 신경계가 밀접하게 연결되어 신속하고 적절한 반응을 일으키게 한다. 다양한 구성요소를 결속시키기 위한 신경 섬유망을 통해 수많은 메시지들이 서로 신호를 주고받고 반응하므로 단기적이든 만성적이든 어떤 자극이 PIN계의 한 구성요소에 영향을 미치면 그 자극이 다른 구성요소들에게까지 영향을 미치게 된다. '펩타이드'라고 하는 정보전달물질을 통해 다중 상호작용을 하게 되는 PIN계의 허브는 HPA축으로 이 활동을 통해 심리적인 자극과 신체적 자극이 위협에 대한 신체의 반응을 작동시킨다.

□ HPA축(Hypothalamic－pituitary－adrenal axis)

시상하부－뇌하수체－부신축으로 신경계, 분비샘, 면역계가 한데 묶여 뇌가 호르몬을 통해 스트레스에 방어하는 기능으로 신항상성과 과부하의 근간이 된다. 스트레스 매커니즘의 중추로서 시상하부는 감정을 처리하는 뇌의 감정중심부(변연계)와 쌍방향 소통을 하고 그 결과 우리 감정은 HPA축을 통해 면역계나 다른 기관들에 직접적인 영향을 미치게 된다. HPA축을 자극하는 강렬한 불확실성, 갈등, 조절력상실, 정보결핍과 같은 심리적 요인들은 생체가 정신적인 스트레스로 해석할 가능성이 높은 스트레스를 가장 많이 유발하는 자극으로 지각되어 HPA축을 활성화시키는 요인들이다. 반대로 조절의식이나 자극, 충동의 만족에 반사하는 완료행동은 즉각적으로 HPA축의 억제를 일으킨다(Mate, 2015).

심리적 자극은 대뇌 변연계에 의해 가장 먼저 판단되고 입력된 정보를 뇌가 위협이라고 해석하면 시상하부는 뇌하수체를 자극하여 부신피질자극호르몬(ACTH: Adrenocorticotrophic hormone)을 분비하게 만들고 이 ACTH는 부신피질로 하여금 코티졸 호르몬을 분비하게 하고 순환시킨다. 이것과 동시에 시상하부는 교감신경계(투쟁－도피반응 담당신경계)를 통해 부신수질에 메시지를 보내고 부신수질은 투쟁－도피 반응을 담당하는 호르몬인 아드레날린을 생성하여 분비하고 이 아드레날린은 심혈관계와 신경계를 자극한다.

이와 같이 PIN계에서 일어나는 생화학적, 신경학적 상호관계를 살펴보면 감정이 어떻게 호르몬계, 면역방어체계, 신경계와 상호작용을 하는지 이해할 수 있고, 스트레스로 인한 질병에 호르몬계의 교란과 면역방어 체계의 손상이 일정한 역할을 수행하는 것을 알 수 있다(Mate, 2015). 이러한 HPA축을 무기한 작동시킬 수 있는 생명체는 인간이 유일이다. 인간은 고등한 지각, 사고, 정서능력을 갖고 스트레스 반응을 끊임없이 일으키므로 스트레스 상황이 종결되면 스트레스 반응이 종결되는 것과 다른 결과를 낳게 된다.

□ 대뇌피질

피질은 주로 신경세포나 뉴런의 세포체로 구성되어 있으며 뇌에서 가장 높은 차원의 활동을 담당한다. 사고중추의 고유한 기능은 삶을 의미 있게 만드는 것에 대해 생각하는 것이다. 무엇이 우호적이며 중립적이고, 적대적인가, 사회적으로 유익한가? 등에 대한 정보학습과 관련해 우리의 반응을 조절하는 충동조절, 사회 정서적 지능, 동기부여 등이 포함되고, 행동의 촉발뿐 아니라 충동의 억제에도 관여한다. 변연계의 감정기관이 피질의 조절과정과 뇌간의 생존기능 사이에서 중재역할을 한다. 이때 해마가 더 분명하게 생각하도록 만들어주는 방식으로 기억을 선택하는 것을 돕기 위해 전전두피질을 활용할 수 있다. 사고중추를 활용하여 잘못되거나 도움이 되지 않는 생각이나 기억을 통한 위험의 지각으로부터 우리의 주의를 돌려서 평온함과 개인적 통제를 회복할 수 있게 한다(Ford & Wortmann, 2012).

□ 변연계

정서를 담당하는 중추로서 정서와 기억에 있어 중요한 역할을 하고, 이 영역에 스트레스 반응에 중요한 역할을 하는 해마와 편도체가 있다. 변연계는 부모의 감정메시지를 해독하고 흡수하는 일을 통해 성숙하므로 부모가 보여주는 내용에 반응하며 발달한다. 어린아이는 부모와의 상호작용에 의존하여 기억을 강화시키고, 세상에 대한 해석을 하게 되며 이와 같은 부모와의 상호작용은 미래의 대인관계에 영향을 미치게 된다. 결국 어린 시절 형성된 핵심감정을 통해 세상을 해석하게 되고 감정은 신호기능을 가지고 현재의 자극에 반응하며 과거에 감지했던 내용에 근거해 미래를 예측한다.

– 해마(hippocampus)

길이 5센티 정도의 해마는 일상 사건과 시간의 흐름을 이어주며, 어떤 일이 일어났고 누구를 만났으며 무엇을 읽거나 들었는지 기억하는 선언적 기억, 일화기억, 방향과 길을 찾는 공간기억을 담당한다. 주로 기억의 저장보다는 기억의 형성에 더 중요한 역할을 하며 정서적 사건에 대한 의식적인 기억을 형성한다. 해마가 효율적으로 기능할 때 새로운 기억을 쉽고 정확하게 찾을 수 있도록 보관하고 실제로 효율적으로 찾을 수 있다. 각 범주에서 가장 쉽게 보관하고 찾게 되는 기억은 강한 정서가 부착된 것이다. 정서를 다루는 편도체와 사실적 정보를 다루는 해마가 그 기억을 보관하기 위해 협력하기 때문이다.

하지만 편도체가 심한 외상적 스트레스 혹은 지속적인 스트레스에 자동반응을 하면서 통제를 벗어날 때, 해마도 곧 과부하가 걸려 붕괴되면 외상적 기억이 매일 어떤 순간에도 다시 발생할 수 있는 것처럼 보관되거나 잘 대처했던 경험조차 완전한 실패로 인식하고 우울, 불안한 감정을 느끼게 된다. 스트레스 수준이 너무 높거나 스트레스 상황이 오래 지속되면 해마와 그 기억형성 기능이 위험에 빠질 수 있다. 해마가 호르몬의 스트레스 반응을 관장하는 시상하부에 억제 신호를 보내서 호르몬의 스트레스 반응을 차단하는데, 스트레스 호르몬이 너무 과하거나 만성적인 증가는 해마를 손상시킨다(McEwen & Lasely, 2002). 스트레스가 해마의 신경발생을 억제하고 해마의 용적을 감소시킬 수 있다. 실제로 장기간 스트레스와 우울증에 시달리는 사람들에게서 해마의 크기 감소와 기억력 결손이 발견되고 나이든 쥐에서 해마가 작을수록 적절한 시점에 스트레스 반응을 중단하는 것이 어렵다.

– 편도체(amygdala)

뇌의 측두엽에 위치한 아몬드 모양의 편도체는 정서의 근원으로, 특히 공포 및 불안 반응을 조절하는 주요 조절기관이다. 공포스러운 경험과 같은 생명이 위협받는 위기에서 화재경보기와 같이 편도체를 즉시 자극하여 스트레스 호르몬 경로를 활성화시킨다. 일상적 환경에서는 주의를 쏟고 반응하도록 신체와 정신을 깨우기도 하고, 타인이 자신의 필요나 감정을 표현할 때, 운전과 같은 일상적 행동에 갑자기 주의를 환기할 필요가 있을 때도 우리가 알아차리지 못할 정도로 부드럽게 자극한다. 하지만 늦잠을 자서 그로 인해 일어난 상황을 알아차릴 때 이 경보기는 행동하라는 신호를 보내고 아드레날린과 같은 몸의 모든 자원을 동원시키고, 더 극단적으로 위험한 상태(달려오는 차, 칼로 위협하는 강도 등)에서는 즉각적인 행동을 취하게 한다.

하지만 편도체가 지나치게 각성하여 과잉반응하거나 위기가 해결되었는데도 계속 생존모드에 머무를 때 문제가 발생한다. 다시 말해서 우리 삶의 상당한 스트레스는 경보가 알려주는 심각성과 실제의 위험수준에 맞지 않을 때 발생한다. 뇌의 경보기가 생존의 위협과 일상적 사건 사이의 차이를 구별하지 못할 때, 즉 스트레스로 인해 뇌가 상황을 잘못 판단할 때 우리의 인간관계, 직장, 전반적인 생활의 중요한 영역에 해를 끼칠 수 있는 과잉반응이 초래된다. 이것은 스트레스가 오랜 기간 쌓이거나 폭력, 학대와 같은 외상적 경험을 한 후 편도체는 지나치게 과민해지고 과잉 반응하는 경향을 보이게 된다.

스트레스로 인한 어려움은 우리 대다수가 뇌의 경보가 켜진 상태로 있을 때 낮추는 방법을 알지 못한다는 점이다. 유아기의 어머니 양육은 두려움을 조절하는 신경 시스템의 발달에 변화를 주어 자녀의 스트레스 행동반응을 프로그래밍 하는 데 영향을 준다. 불안에 시달리는 어머니는 불안에 시달린 자녀를 양육할 가능성이 높으며 스트레스와 불안이 의도와 무관하게 세대에 걸쳐 전달된다.

□ 코티졸(Cortisol) 호르몬

호르몬 생산은 심리적 스트레스로 인한 영향을 많이 받고, 또 스트레스는 호르몬 기능을 강력하게 조절한다. 호르몬계는 감정이 경험되고 해석되는 뇌와 연결되어 있고 호르몬 기관과 감정중심부는 면역계·신경계와 상호 연결되어 있다.

시상하부는 뇌하수체를 자극하여 부신피질 자극호르몬을 분비하고 이 호르몬(ACTH)은 코티졸 호르몬을 분비하도록 활성화시킨다. 코티졸은 스트레스 반응에 가장 핵심적인 호르몬이며 정상적인 분비를 통해 면역계를 제어하고 염증반응을 위축시키지만, 만성적인 과잉자극을 통해 불균형상태가 되어 효력을 발휘하지 못하게 된다. 스트레스에 대한 반응으로 분비되는 스테로이드 호르몬으로 당분과 지방을 에너지로 전환시키는 기능을 하며 신체 및 뇌 에너지 활용능력을 향상시킨다. 스트레스를 받는 동안 중요하지 않은 소화나 성장 등의 생리기능을 억제시키고 신체 상태를 감시하며 견제와 균형을 하기 때문에 양날의 효과를 가지고 있다. 단기적으로 코티졸이 증가하면 백혈구가 생성되고 면역계가 감염, 상처에 반응하는 것에 도움이 되지만 장기적으로 코티졸이 과다 생성될 경우 면역기능의 억제되고, 인슐린 활동을 방해하여 탄수화물 대사에 장애가 된다. 코티졸 효과는 만성 스트레스가 장의 궤양을 쉽게 발생시키는 원인이 되고 뼈를 약화시키는 작용을 하여 스트레스를 받거나 우울증에 빠진 갱년기 여성들에게 골다공증이 쉽게 발생할 수 있다. 또한 해마 손상과 관련 있어 인지적 결함을 일으킬 수 있다. 해마에 코티졸 수용기가 있어 위험한 상황을 잘 기억해서 진화적으로 생존력을 높인다.

□ DHEA(Dehydroepiandrosterone)

신경 스테로이드의 일종으로 스트레스 경험을 통해 뇌가 더욱 건강하게 발달하도록 돕는 호르몬이다. 코티졸 대비 DHEA 호르몬 비율을 스트레스 반응에 대한 성장지수(growth index)라고 하며 DHEA 수치가 높아지면 스트레스를 받으면서도 아무 문제없이 생활할 수 있다. 이 호르몬은 집중력 강화, 문제 해결능력 향상, 의식분열 억제 등과 관련이 있으며 스트레스가 장점을 끌어올린다는 생각만으로도 DHEA호르몬이 증가하였다. 이 호르몬은 뇌가 스트레스 경험을 통해 배움을 얻을 수 있도록 신경가소성을 증가시켜 스트레스를 겪어낸 사람이 스트레스에 능숙하게 대처할 줄 알게 돕는다.

□ 옥시토신 호르몬

옥시토신은 우리가 누군가를 껴안을 때 뇌하수체에서 분비되기 때문에 '사랑의 분자', '포옹의 호르몬'이라는 이름으로 불리기도 한다. 이 옥시토신은 우리 뇌와 사회적 본능을 미세하게 조정하는 복잡한 신경호르몬이다. 주된 기능은 사회적 유대를 조성하고 강화하는 것으로 이 때문에 성관계와 수유를 비롯해 포옹하는 동안에 분비되는 것이다. 옥시토신의 수치가 높아지면 스킨십, 문자 보내기, 함께 술 마시기 등 사회적 접촉에 대한 열망을 불러일으키고, 다른 사람들의 생각과 감정을 더 잘 알아차리고 이해할 수 있도록 도와준다. 우리의 공감 능력과 직관력을 강화시켜 타인을 신뢰하고 도와줄 용기도 갖게 한다. 스트레스 반응의 일환으로 분비되는 옥시토신은 사회적 지원망과 관계를 맺어 사회적 관계에 더 잘 반응하도록 만들고 중요한 인간관계를 공고히 다져주어 배려－친교반응을 일으키게 한다.

(2) 스트레스와 질병

우리는 신체를 통해 삶을 경험한다. 우리가 삶의 경험에 대해 분명히 말하지 못하면 정신이나 입이 말하지 못하는 것을 우리 몸이 대신 말하게 된다. 스트레스가 어떻게 신체 질병을 일으키고 촉진시키는가? 어떤 성격이나 삶의 상황이 우리 몸의 방어 메커니즘을 방해하면서 악성질환 발생을 초래하는지 살펴보는 것이 중요할 것이다. 반대로 질병에 걸리게 되면 신중하게 반응하면서 환경적 스트레스, 정신적 스트레스 등 모두 자신이 직면한 온갖 스트레스를 하나하나 세심하게 검토해 보는 것도 중요하다. 지금까지 살아오면서 인생에 일어났던 모든 일들을 돌아보는 것도 질병을 완화하거나 생존 가능성을 올리는 데 도움이 된다.

정신신경면역학은 개인의 신체와 정신의 상호작용과 발달과정 동안 발생하는 감정과 생리적 활동의 연관관계에 대해 연구하는 학문으로 감정구조와 지속적인 스트레스 반응이 의학적으로 밝혀지지 않은 질병들의 실질적 발병요인이 될 수 있음을 밝혔다(Mate, 2015). 스트레스 반응이 적절히 종결되지 않으면 코티졸의 과잉 또는 과소 생산으로 인해 당뇨, 위장질환, 갑상선 질환, 만성피로 증후군, 관절염, 천식 등의 질환에 쉽게 걸릴 수 있다. 특히 격렬한 급성 스트레스로 인한 심혈관 문제와 지속적인 만성 스트레스로 인한 면역계 질환, 궤양, 습진 등에 시달릴 수 있다. 이러한 질병은 사람들로 하여금 자신을 다른 관점에서 보게 하고 그때까지 살아온 삶의 방식을 재평가하게 한다. 그러므로 질병의 심각성 정도보다 개인의 심리적 요인이나 사회적 지원과 같은 상호관계가 생존에 더 중요한 영향을 미칠 수 있다.

▫ 자가 면역 질환

면역체계는 박테리아, 바이러스와 다른 이물질로부터 신체를 보호하는 복잡한 반응 체계이다. 이 체계에는 림프구, 즉 감염에 대항하는 항체를 생산하는 세포와 같은 백혈구가 포함되고 면역체계는 심리적 영향에 민감하게 반응한다. 류마티스 관절염, 궤양성 대장염, 루프스와 같은 모든 자가면역질환의 공통점은 면역계가 신체를 공격하여 관절과 신체 결합조직을 손상시키고 더 나아가 눈, 신경, 피부, 내장, 간, 뇌 등 거의 모든 신체 기관들을 손상시키는 것이다. 우리의 면역계는 일상경험과 분리된 채 존재하는 것이 아니며, 스트레스에 민감한 HPA축과 변연계에 의해 조절되는 호르몬은 신체조직들과 상호작용하면서 면역계에 부정적 영향을 미친다.

자가 면역 질환에 걸리면 자기와 비자기에 대한 무의식적 혼란을 반영하는 신체적, 즉 면역계의 혼란이 발생한다. 경계선에 혼란이 일어나면 면역세포들은 자기 몸을 외래물질로 여기고 공격을 하게 되는데, 이는 내면으로 전환된 화와 비난이 심리적 자아를 공격하는 것과 일치한다. 류머티즘 관절염에 걸린 많은 사람들의 특징은 극단적일 정도로 극기적인 태도, 도움을 받는 일을 삼가는 태도가 몸에 배어 있고 고통을 묵묵히 참으며 주위사람들이 충분히 들을 수 있게 큰소리로 불평하지도 않는 경향이 있다. 이러한 불평 없는 극기적인 태도는 어린 시절 습득된 대처방식으로 '보상적 과잉 독립성'을 나타낸다. 아동기에 무시당한 정서적 욕구에 대한 보상심리로 혼자 해결할 수 없는 욕구는 갖고 있지 않은 척하는 방식으로 생존하고, 정서적 스트레스가 감지될 때 자신에게 맞는 크기로 축소시키는 태도가 평생 동안 지속될 수 있다. 류머티즘 관절염 환자들은 이외에도 완벽주의, 화나 충동에 대한 두려움, 적개심의 부정, 자신이 무능하다는 강렬한 생각들을 공통적으로 나타낸다.

□ 암 질환

암은 부분적으로 신체 내부의 과정이 무언가 잘못된 결과물로 몸의 생물·심리·사회적 상태와 수많은 요인에 의해 발생한다. 만성적인 스트레스 상황에서 면역계가 심각한 혼란에 빠져 변형된 복제세포를 식별하지 못하기도 하고 너무 약해져서 변형세포들에 대해 공격하지 못하게 되기도 한다.

암으로 인한 사망요인은 합리성(Rationality)과 반감정성(Anti-emotion-ality)으로, 특히 화를 억압하는 특성이 주요하였다. 폐암의 경우 흡연여부로만은 충분하지 않으며 효과적으로 감정을 표출하는 능력이 결핍된 감정억압이 흡연과 시너지 효과를 빚어 대조군에 비해 폐암발병률이 4배나 더 높게 나타났다. 스트레스가 DNA복구 메커니즘을 변형시켜 손상된 세포 복구능력에 문제를 일으키는 것이다. 습관적인 감정의 억압은 만성적인 스트레스 상황에 처하게 하며 이러한 만성 스트레스는 신체 내의 부자연스러운 생화학적 환경을 만들게 된다. 스트레스와 감정의 억압은 DNA 복구와 세포 사멸 조절력에 손상을 일으켜 암에 대한 적절한 방어수단을 제공하지 못하고, 질병을 예방하지 못한다. 질병은 단순히 외부로부터의 결과물이 아니라 체내 환경이 교란되기 시작한 취약한 몸의 주인에게서 발생하는 것이다. 인간의 내분비계는 심리상태와 종양의 상호작용을 중재하는 핵심물질을 제공하는데, 개인의 만성적인 심리상태가 종양의 촉진을 쉽게 하고 환경적 스트레스 영향을 위축시키거나 부각시키는 데도 중요한 역할을 한다(Mate, 2015).

정서적인 상태는 암전이의 예방과 촉진에 있어 중요한데 종양의 휴면은 여러 가지 호르몬과 면역력에 의해 영향을 받고 이러한 영향은 모두 PIN계의 작용이며 이것은 생활 속 스트레스에 매우 민감하다. 종양 성장속도의 개인적 편차는 악성 종양의 자율적 행동에 기인하는 것이 아니라 암을 억제하거나 조장하는 체내환경에서 비롯된 것으로 체내환경은 스트레스요인과 개인이 스트레스를 극복하는 다양한 방식에 깊은 영향을 받는다.

□ 과민성 대장증후군(IBS: Irritable Bowel Syndrome)

IBS는 기능성 질환으로 '기능성'이란 해부학적 · 병리학적 · 생화학적 이상에 의해 증상이 설명되지 않는 질환으로 모든 것이 '마음 탓'이라는 의미를 내포한다. 장의 신경계는 약 1억 개의 신경세포를 갖고 있는데 외부 스트레스와 내부 스트레스로 인한 심리적 고통은 신경계의 '자동 온도조절장치'가 과잉경계상태를 유발하여 장 수축을 유발하고, IBS의 발병에 기여한다. 장의 느낌은 신체감각과정의 중요한 부분이며 뇌의 감정 중심부가 무시하기 힘든 메시지를 전달하기 위해 신체가 보내는 신호이다. 몸의 신호인 통증을 단순히 신체적 문제라고만 생각하는 대신 뭔가 다른 문제, 즉 정신적인 신호로 받아들이는 것이 중요하다. 나아가 약물 복용뿐만 아니라 적절한 심리적 개입만으로도 증상이 개선되었다는 연구결과가 보고되고 있으므로 질병에 대한 심리적 요인을 간과하지 말아야 한다(Drossman, 2000).

□ 천식

천식은 주류 의학계에서 정신 신체적 요인을 갖고 있다고 인정되는 얼마 안 되는 질병 중의 하나로 직접적 유발요인이 무엇이든 감정이 중요한 역할을 한다. 만성적인 대인관계의 정서적 스트레스, 특히 어린 시절 부모와의 상호작용에서 분리불안을 심하게 경험한 경우에 천식을 앓는 경우가 더 많이 발견되는 경향이 있다.

□ 고혈압과 심장병

스트레스가 심장발작이나 심장혈관계에 영향을 미치고 만성 스트레스는 심장혈관 질환에 대한 취약성을 증가시키는 것으로 나타났다. 스트레스로 인해 활성화된 교감신경계의 각성과 지속적인 혈압상승이 점진적으로 혈관을 손상시키고 손상된 혈관은 반점을 축적하고 관상성 심장 질환의 가능성이 높아진다.

A행동 유형의 각성, 적대감, 인내심 부족, 지배욕이 관상동맥 질환의 의미 있는 위험요인으로 밝혀졌는데 이는 분노와 심혈관계에서 살펴볼 수 있다. 교감신경은 분노상태에서 활성화되는데 교감신경이 과도하게 투쟁－도피 반응을 하면 혈관이 좁아지고 그 결과 혈압이 상승하고 심장에 공급되는 혈액량이 감소하게 된다. 분노상태로 스트레스 반응을 보이는 동안 혈청 콜레스테롤을 포함한 지질의 수치가 올라가고 이는 동맥경화의 위험성을 고조시킨다(Friedman & Rosenman, 1974).

2) 스트레스와 심리반응

신체와 정신이 연결되어 있음을 아는 것은 질병에 대한 이해는 물론 건강에 대한 이해를 돕기 위해서도 중요하며, 스트레스에 대한 신체반응은 마음의 반응과 뒤얽혀 있다. 스트레스의 심리적 영향은 우리 몸의 신경계, 호르몬, 면역계, 뇌의 중심부 등의 상호연결 작용을 통해 서로 전달된다. 생물학적인 활동과 심리적 활동은 독립된 것이 아니라 상호 연결되어 생명체의 발달, 생존, 번식을 보장한다. 우리 마음은 특정 사건이 위협적인가 아닌가 만약 위협적이라면 이에 대해 어떤 대처를 할 수 있는가를 구분한다. 그러므로 스트레스를 무시하고 자동적으로 반응하기보다 스트레스를 확인하고 제대로 인식해 반응하는 능력을 갖도록 노력하는 태도가 건강을 지킬 수 있다.

통제 불능이라고 지각된 스트레스 사건에 대한 심리적 반응은 신체와 마찬가지로 건강문제를 초래하여 심각한 경우 불안, 우울, 외상 후 스트레스 장애 혹은 탈진으로 이어질 수 있다. 스트레스 자극은 긍정적으로는 무엇을 하게 하는, 즉 스트레스 원인을 제거하거나 극복하기 위한 행동을 취하도록 하는 도전이 되기도 한다. 그러나 아무 것도 할 수 없을 때 또는 도전에 대항할 방법이 없거나 혹은 없다고 지각할 때, 즉 아무 것도 통제할 수 없다고 느낄 때 가장 심하게 스트레스를 받는다.

심리적 반응은 크게 정서적 측면과 인지적 측면의 두 범주로 구분할 수 있는데 우선 정서적 측면을 보면 불안, 흥분, 우울, 죄책감 등이 나타난다. 개인에 따라 이들 가운에 한 가지만을 경험하거나 두 가지 이상의 정서를 동시에 또는 연속적으로 경험하는 경우도 있다. 이들 중에서 가장 대표적인 스트레스 관련 정서가 불안과 우울이다.

(1) 정서

스트레스는 강력한 감정자극에 대한 일련의 복잡한 물리적, 생화학적 반응이다. 감정은 주요장기들의 기능과 면역 방어체계, 신체의 물리적 상태를 통제하는 데 도움을 주는 순환성 생물학적 물질들의 작용에 영향을 미치고 또 영향을 받는다. 정서(emotion)란 현재 상황에 대한 적합성 제고와 환경조성을 촉진시키기 위해 일시적으로 생리·인지·주관적 경험 및 행동 채널을 통합하는 외적 사건에 대한 보편적이고 기능적인 반응이다. 이러한 감정이 억압되면 신체의 방어체계를 무력화시키고 교란시켜 혼란에 빠뜨려 결과적으로 질병을 일으킨다(Mate, 2015).

스트레스가 Cannon에 의해 정서적 의미로 사용되었지만 Selye는 아직 스트레스를 자극에 대한 신체적 반응으로 정의하고 당시 정서의 정량화가 어려웠던 관계로 일반적 증후군을 정서적 스트레스와 연결시키길 원하지 않았다. 19세기 William James가 생리적 각성상태가 먼저이며 주변 환경에 따라 정서가 결정된다는 의미의 “곰이 무서워서 뛰는 것이 아니라 뛰기 때문에 곰이 무섭다고 느끼는 것이다.”라고 말 할 정도로 뇌를 정서적 기관으로 처음 받아들이게 된 때가 1950년 Paul MacLeen이 뇌구조물을 밝히면서부터이다. 이어 1980년대 Joseph LeDoux에 의해 편도체가 공포반응의 핵심장소라는 것이 밝혀졌고, 뇌이미징 기술을 통해 정서적 반응이 뇌에서 일어남을 증명할 수 있었다.

심리학자 Buck(1993)는 감정반응을 의식하는 정도에 따라 세 가지 수준으로 구분하여 분류하였다. 제 1형 감정은 정서적인 자극들에 의해 유발되는 생리적인 변화들로 주관적 인식이나 감정표현이 부재한 상태에서 발생한다. 급성위협에 적용되는 이 스트레스 반응은 만성적으로 유발되면 피해를 준다. 그러므로 적절하고 만족스러운 방식으로 자신의 감정과 욕망을 처리하는 능력인 감정처리 능력이 매우 중요한데 이는 정서적 불구상태의 합리성과 구분된다. 사람들이 스트레스를 받는다고 말하는 경우 보통 그들이 의미하는 스트레스는 대체로 직장이나 가정, 대인관계, 경제문제, 건강 같은 영역에서 가해지는 과도한 요구에 경험하는 신경의 동요를 말한다.

면역계나 신경계처럼 감정은 외부의 위협으로부터 생체를 안전히 보호하고 욕구충족을 책임지며 체내환경을 유지하거나 바로잡는 데 도움을 준다. 이끌림과 반감이라는 원시적 반응은 생명체의 삶과 번식에 필수적인 요소들이었다. 그러므로 신체의 모든 항상성 체계와 방어체계들을 연결시키는 기본 요소들이 감정반응에 참여한다는 것은 새로운 사실이 아니다.

스트레스에 최적으로 반응하기 위해 생리적 시스템은 위험으로부터 보호하도록 맞춰져 있기 때문에 나쁜 일들이 우선시 된다. 즉, 공포와 고통은 뇌에 흔적을 남기면서 최적의 반응을 조정하도록 맞춰지기 때문에 정적 정서보다 부적 정서가 더 많은 영향을 미친다.

□ 감정과 호르몬

감정이 암 발생과정에 생물학적으로 작용하는 주된 방식 중 하나가 호르몬의 영향을 통해 이루어지는 것이다. 즉, 어떤 호르몬(예: 에스트로겐)은 악성세포의 성장을 촉진시키거나 악성세포를 파괴하는 면역계의 능력을 감소시키는데 이러한 호르몬은 심리적 스트레스에 의해 많은 영향을 받는다. 우리 몸의 호르몬계는 감정이 경험되며 해석되는 뇌의 중심부와 연결되어 있고 호르몬계와 감정 중심부는 면역계, 신경계와 상호 연결되어 있다.

감정이 너무 억압당하면 감정인지능력에 손상을 입고 그 감정은 의식적으로 경험되지 못한다. 이렇게 억압된 감정은 생리적으로 더 왕성하게 활동하지만 감정회피가 심한 사람들은 더욱 무방비상태에서 오랜 기간 지속적으로 스트레스에 노출되고 스트레스의 영향으로부터 자신을 보호할 수 없게 된다.

□ 감정과 질병

유방암에 걸린 여성들은 아동기 시절 부모와의 정서적 단절로 인해 정서가 억압되며, 대체로 자신을 지지해주는 사회적 관계는 결핍되고, 강박적으로 타인을 보살피는 이타적 태도를 보인다. 그중에서도 화를 억압하는 경향이 나타난다. 이러한 화, 공격성, 적대감을 적절히 방출하거나 조절하는 능력이 결여되고, 극기나 비현실적인 자기희생적 태도를 보인다. 사생활 침해를 당하면서도 자기주장을 못하고 침해를 인지하지 못하는 사람들은 스트레스 유발 피해를 반복적으로 경험할 가능성이 높아진다. 또한 당사자의 감지여부와 무관하게 이와 같은 화의 억압은 생리적 스트레스에 노출되는 일을 증가시킨다. 아동기에 길들여진 감정, 특히 화의 억압과 가혹한 자기평가, 완벽주의는 미래의 질병을 일으킬 잠재요인이 될 수 있다. 화는 외부로부터 오는 위험을 식별하는 일과 그것에 대해 반응하는 일을 의미하는데 이를 위해서는 친숙한 것과 낯선 것, 유익한 것과 해로운 것, 자기와 비자기를 구분 짓는 정확한 판단이 요구된다.

감정이 면역질환에 미치는 영향을 살펴보면 자기와 비자기를 구분하는 심리적 능력에 손상이 일어나 생리적 기능으로 확대되는 것을 볼 수 있다. 감정을 효과적으로 처리하거나 혹은 표출하지 못하는 무능감과 자신의 욕구를 생각하기 전에 다른 사람들의 욕구부터 충족시키려는 성향은 만성질환자들의 공통적인 패턴이다. 이런 대처 방식은 심리적 차원에서 자기와 비자기의 혼동이 일어나는 것을 의미한다. 이러한 혼란이 신체기관차원에 뒤따르면서 면역계는 자기와 비자기를 구분할 수 없게 되고, 위험에 방어할 수 없게 된다. 주로 자기희생적이고 순응적이고 자의식이 강하며, 수줍어하고 자제심이 강한 완벽주의 경향의 사람들이 류머티즘 환자의 공통적인 특징으로 나타났다(Mate, 2015).

□ 불안

불안은 무언가 좋지 않은 일이 일어날 것 같은 예감이 따르는 걱정, 근심, 두려움, 안절부절, 긴장과 같은 정서적인 상태이다. 스트레스 경험의 다른 예들은 모두 무엇 때문에 자신이 불편감을 느끼는지 인식하지만, 불안을 만성적으로 경험하는 사람들은 그 원인을 분명하게 인식하지 못한다.

불안은 특질불안과 상태불안으로 구분할 수 있는데, 특질불안은 비교적 지속적인 일종의 성격특성이고 상태불안은 특정한 상태나 장면에 따라서 증가하기도 하고 감소하기도 하는 불안이다. 만성적인 불안을 느끼는 사람들은 통상적으로 근육긴장, 주의력저하, 불규칙한 호흡, 우울과 초조, 수면장애 및 식욕부진, 잦은 분노와 짜증 등을 호소한다.

□ 우울

우울은 불안과 함께 정서적 혼란의 가장 일반적인 유형이다. 불안은 스트레스가 예상되는 상황에서 발생하지만 우울은 스트레스 사건을 경험한 후에 생기기 쉽다. 우울을 경험하는 사람들은 슬픔, 무가치감, 피로감, 염세적 생각 등을 호소한다. 우울을 유발하는 조건들은 친밀한 인간관계가 깨질 때, 가족의 죽음, 심각한 질병 등 다양하다.

생활 스트레스가 많은 사람은 평균보다 우울증에 걸리기 쉬우며 처음 우울증에 빠진 사람은 평균보다 최근에 심한 스트레스를 겪은 것으로 나타났다. 우울증의 공통된 특징은 과도하게 항진된 스트레스에 대한 반응으로 지나치게 항진된 교감신경계와 당질코르티코이드 수준의 상승이다. 우울증 환자는 겉으로는 매우 무기력하지만 내적으로는 끊임없이 주위를 경계하고 항상 자극된 상태로 있으면서 자신들의 내면과 싸우고 있다.

동물은 스스로 통제할 수 없는 스트레스에 노출되면 다양한 상황에 적절하게 대처하지 못하게 된다. 학습된 무력감에 빠진 동물은 세상에 대한 지각이나 사고방식이 왜곡되어서 어떤 상황에 놓이더라도 통제가 불가능하고 불만을 해소할 방도도 없을 것이라고 믿는 무력감에 빠진다. 이와 같이 스트레스가 통제 불가능하고 욕구불만을 해소할 방법이 없는 상태에서 스트레스는 학습된 무력감을 일으키며 정서적으로는 쾌감결여, 행동은 정신운동지체를 가져온다.

□ 좌절감

좌절감은 어떤 장애물에 의하여 욕구가 충족되지 못할 때 느끼는 불쾌한 감정이다. 좌절감의 원인은 외부에서 발생한 요인일 수도 있고 내부에서 발생한 것일 수도 있다. 외부적인 요인은 물리적 · 자연적 · 사회적 요인으로 구별할 수 있다. 예를 들면 시끄러운 소리 때문에 잠을 제대로 잘 수 없게 되는 경우와 같은 물리적 요인, 홍수, 가뭄 등의 자연적 요인, 실업자가 직장을 원하나 직장이 없는 등의 사회적 요인을 생각할 수 있다. 내부적 요인은 좌절의 원인이 개인에게 있는 경우가 있다. 자기 자신의 신체적 결함이나 능력의 부족으로 자신의 욕구충족이 곤란한 경우가 여기에 해당된다.

□ 갈등

갈등은 두 개 이상의 양립할 수 없는 요구가 동시에 발생할 때 생기거나 양립되지 않는 신념 또는 가치들과 투쟁해야 할 때 발생한다. 갈등상황에서는 어느 쪽을 선택하건 다른 한 쪽의 욕구가 충족되지 않기 때문에 완전한 해결이나 모든 면에서 만족스러운 결과를 바랄 수 없다. 이런 경우 부분적인 좌절감이 생기게 된다.

갈등의 원인에는 여러 가지가 있다. 첫째, 갈등은 개인의 포부와 능력이 균형을 이루지 못할 때 발생한다. 개인이 자신의 능력보다 포부를 지나치게 높게 설정하는 경우이다. 둘째, 갈등은 양립할 수 없는 욕구나 목표 때문에 일어날 수 있다. 셋째, 갈등은 금지와 욕망의 상충 때문에 일어난다. 넷째, 문화의 상반되는 가치로 인해 발생할 수 있다.

▫ 압박감

압박감은 내·외적 요구가 너무 강한 상태에서 개인이 그것에 꼭 부응하려고 할 때 경험하게 되는 긴장상태이다. 내적 요구나 압력으로는 자존심을 지키려는 성취욕, 지나친 완벽주의, 인정받으려는 욕구, 일에 대한 과도한 욕구 등을 들 수 있다. 외부적 요구나 압력으로는 직장이나 학교에서의 과도한 요구, 사회 환경이나 가정에서의 기대 등을 들 수 있다. 현대 사회에서 요구하는 마감시간이 있는 직업 및 작업량의 폭주도 우리에게 압박감을 주는 요인이다.

(2) 인지

인지적 측면에서의 반응은 이차적인 것으로 사고기능, 심상(image), 주의집중력, 기억 등에서 일어난다. 인지 기능이 정상적일 때는 합리적이고 논리적이고 융통성 있는 사고가 가능하지만, 스트레스 상황에서는 일관되고 조직적인 사고가 어려워질 수 있다. 대신 스트레스 상황에서는 자기행위의 부정적 결과에 대한 걱정과 부정적 자기평가의 지배를 받는다. 심상에 있어서도 원하지 않고 불유쾌한 내용이 깨어 있을 때나 수면 중에 되풀이될 수 있다. 불필요한 자극은 무시하고 필요한 자극에 주목하는 선택적 주의 집중 능력도 감소한다. 이러한 결과로 인해 개인의 업무 수행능력과 문제 해결 능력의 손상을 가져온다. 기억 내용에서도 혼란과 망각이 일어나 심하면 매우 일상적인 경험마저 잊어버리는 경우도 생긴다.

스트레스에 대한 심리적 반응이 심각한 경우 외상 후 스트레스 장애

(PTSD: Posttraumatic stress disorder) 혹은 소진(Burnout)으로 이어질 수 있다. 개인이 위협적이고 통제 불능인 외상적 사건의 경험을 통해 공포와 불행감을 경험하는 외상 후 스트레스 장애는 스트레스 사건에 대한 생각과 상상이 마음을 병들게 한다. 가정이나 직장과 같은 일상생활 속에서 비록 사소하지만 지속적이고 반복적인 정서적 혼란을 경험하는 사람들은 소진으로 고통받을 수 있다. 소진이란 정서적 요구가 많은 상황에 오랫동안 놓이고 수행과 동기 수준이 저하되는 것이 동반될 때 초래되는 것이다. 특히 교사, 간호사, 의사, 심리학자, 상담가 등과 같이 다른 사람을 도와주는 전문가들에게 소진과 관련된 주의가 요구된다.

3) 스트레스와 행동반응

스트레스에 대한 반응으로 짜증내기, 공격행동, 방종, 음주, 약물, 과소비, 중독 등의 행동이 나타날 수도 있다. 이러한 행동들은 일시적으로는 스트레스를 감소시킬 수 있으나 장기적으로는 스트레스를 더욱 가중시켜 스트레스에 의한 부작용을 강화시키는 요인으로 작용한다.

스트레스를 경험한다고 해도 건강한 생활습관을 선택한다면 HPA축이 정상적으로 작동하여 코티졸 수준을 증가시키지 않을 수 있다. 스트레스에서 위안을 찾기 위한 행동들이 오히려 스트레스 원이 될 수 있으므로 기본적인 라이프 스타일만을 교정하는 것만으로도 스트레스의 부정적 영향으로부터 벗어날 수 있다.

(1) 식습관 패턴

식습관 패턴은 아동기나 현재의 스트레스에서 비롯된 정서적 문제들과 직접적인 관련이 있다. 무엇을 얼마나 먹느냐 하는 패턴은 우리가 경험하는 스트레스의 수준이나 힘든 일들에 대처하는 방식과 강력하게 연관된다. 특히, 섭식장애는 해결되지 못한 아동기의 문제와 불가분의 관계가 있다. 이처럼 자신을 보살피는 면에서 문제를 일으키는 스트레스는 건강악화의 소인이 된다.

(2) 수면

불면증의 75%가 중대한 스트레스로 인해 촉발된다. 잠을 잘 자지 못하는 사람들은 교감 신경 각성 수준이 높고 혈류 중의 당질코티코이드 수준이 높은데 이것은 스트레스가 많으면 잠을 잘 자지 못하는 것을 설명한다. 스트레스는 수면의 총량을 감소시키기만 하는 것이 아니라 수면의 질을 변화시킨다. 스트레스 상황에서는 에너지 복구를 위해 필요한 수면 형태인 서파 수면이 감소하고 주로 단편적인 수면, 즉 토막잠을 자게 된다.

(3) 공격행동

어떤 사람들은 스트레스에 대해 공격적 행동으로 반응하기도 한다. 일반적으로 좌절을 공격행동을 일으키는 원인으로 생각하지만, 좌절을 경험한다고 해서 모두 공격적 행동을 하는 것이 아니고 여러 상황요인이 좌절과 공격행동과의 관계에 영향을 미친다.

(4) 포기행동

스트레스에 직면했을 때 포기하거나 물러서는 반응을 보이기도 하는데 이러한 반응은 슬픔이나 실의와 연합되는 경향이 있다. 자신의 인지적 판단으로 스트레스 상황을 이겨내지 못할 때 도피반응을 보이지 못하고 주저하거나 상실하는 무력감을 보이는 경우가 있다.

(5) 방종행동

스트레스를 받으면 어떤 사람들은 폭식이나 식사거부, 음주, 흡연, 약물남용과 같은 비정상적인 행동을 하는 경우가 있다. 이러한 행동들은 일시적으로는 스트레스를 감소시켜 줄 수도 있지만 장기적으로는 심리적·신체적·정서적 스트레스를 더욱 가중시킨다. 결국 스트레스에 대한 자기 탐닉적이고 방종적인 행동은 스트레스에 의한 부작용을 강화시키는 요인으로 작용한다.

4) 스트레스 반응 자각하기

스트레스에 대한 반응을 하고 있다는 것을 스스로 인식할 때가 바로 그것에 대해 무언가를 할 수 있을 때이고 기회로 여길 수 있다. 하지만 우리는 신체적·정서적인 스트레스 반응을 부정하거나 자가 처방 또는 비난하면서 스트레스가 보내는 메시지를 심각하게 받아들이지 않으려 한다. 스트레스에 대한 정확한 이해와 스트레스에 반응하는 자신의 상태를 확인한다면 스트레스에 대한 자동적이고 반복적인 반응에서 벗어나 적절히 대응할 수 있다. 그러므로 현재 자신의 상태를 돌아보고, 스트레스 경고 사인을 확인한다면 스트레스에 재빠르게 대처하는 데 도움이 될 것이다. 자신의 신체적·행동적·정서적·인지적 증상을 확인하는 것이 스트레스에 효과적으로 대처하고 심리적 안녕을 향상시키기 위한 첫 걸음이 될 수 있다.

(1) 스트레스 반응 스펙트럼

<table>
<tr><td rowspan="2">도전,
성장</td><td rowspan="2">긍정적 스트레스(자극):
최적의 통제 및 예측가능성의 상실</td><td>만성 스트레스
(지속적, 반복적)</td><td>만성질환</td><td rowspan="2">과부하
소진</td><td rowspan="2">위기</td></tr>
<tr><td>급성/외상적
스트레스</td><td>PTSD, 상실</td></tr>
</table>

이제는 단순히 고통과 신체적 반응만으로 스트레스를 평면적으로 이해하지 말고, 스트레스 사건의 성질·강도·빈도 등 외적인 요소와 더불어 개인적 특성에 따른 스트레스에 대한 신체적·심리적·행동적 반응, 그에 따른 스트레스와 개인 간의 상호작용에 의한 스트레스의 영향을 고려하는 입체적이고 총체적인 관점으로 살펴보는 것이 중요하다. 동일한 스트레스가 스트레스를 해석하는 개인의 태도에 따라 우리 삶의 활력과 성장의 요소가 되는 긍정적 스트레스가 되기도 하고, 건강을 해치고 심리적 혼란을 일으키는 부정적인 스트레스로 작용할 수 있다. 앞에서 언급한 것처럼 인생초기에 아동기 학대나 방임과 같은 애착손상의 이력을 가지고 있는 PTSD 집단은 더 높은 전반적인 대인관계 고통 수준을 나타낼 것으로 예상되며, 이 경우 대인관계

상호작용은 과거 외상 경험을 일깨우고 타인을 더 위협적으로 보며 철수하기 때문에 스트레스로 인한 부정적인 영향을 더 심하게 받을 수 있다.

(2) 나의 스트레스 경고 신호1)

신체증상

□ 목, 어깨 긴장	□ 땀 흘림	□ 소화 장애
□ 등 결림	□ 이명	□ 변비 또는 설사
□ 수면장애	□ 어지러움	□ 잦은 뇨의
□ 피로	□ 숨막힘	□ 성욕상실
□ 두근거림	□ 삼키기 어려움	□ 안절부절
□ 떨림	□ 위통	

행동증상

□ 이갈이	□ 알코올 과다	□ 흡연
□ 수행불능	□ 폭식	□ 안절부절
□ 비난적 태도	□ 주먹 쥐기	□ 반추
□ 위세 부림	□ 알코올, 음식량의 변화	

□ 타인과 함께 있길 원하거나 철수

정서적 증상

□ 울기	□ 신경질적	□ 외로움
□ 초조	□ 불안	□ 이유 없이 불행함
□ 위태로움	□ 쉽게 흥분함	□ 우울
□ 분노	□ 삶의 의미와 목적 상실	

□ 변화하는 데 대한 무기력

□ 지루함

1) A Harvard Medical School Special Health Report, 2015.

인지적 증상

- □ 지속적인 걱정
- □ 주의집중 곤란
- □ 기억력 저하
- □ 유머감각 상실
- □ 우유부단
- □ 창의력 부족
- □ 명확한 사고의 어려움

5) 스트레스 반응 선택하기

우리는 왜 신체적, 정서적 스트레스 반응을 기회로 생각하지 못하는가? 스트레스에 대한 반응은 스트레스 상황이나 개인의 경험에 따라 다르게 나타난다. 사회적 스트레스는 다른 종류의 스트레스에 비해 옥시토신 분비량을 증가시켜 사회적 관계를 조성하고 성과 스트레스는 아드레날린을 비롯해 에너지와 집중력을 제공하는 호르몬 양을 증가시켜 최선을 다하게 돕는다. 반면 한밤중에 화재경보가 울린다면 투쟁–도피 반응이 자신과 가족들을 안전하게 대피시킬 것이다. 인생초기 경험도 스트레스 반응에 영향을 미칠 수 있다. 어린 시절 몸이 약했던 사람은 배려–친교반응으로 다른 사람들에게 의지하는 반응이 두드러지고 학대 경험이 있는 경우는 옥시토신 반응이 미약하고 투쟁–도피반응이나 도전반응을 통해 자기의존으로 대처하려 한다. 유전자에 따라 스트레스 자극을 추구하고 경쟁심이 강한 경우 투쟁–도피 반응을 보이거나 옥시토신 민감도가 높은 경우 배려–친교반응을 보이도록 조장하기도 한다.

이와 같은 스트레스 반응은 개인의 경험과 의식적 선택에 의해 달라질 수 있다. 투쟁–도피 성향의 사람이 아버지가 되면 테스토스테론 수치가 낮아져 배려–친교성향을 보이고 생명을 위협하는 충격적인 사건의 경험은 스트레스 체계를 긍정적인 방향으로 변화시키기도 한다. 심각한 정신적 외상의 경우 뇌와 몸은 투쟁–도피 반응을 준비시켜 만약의 사태에 대비하게 하는데, 이러한 반응은 영구적이기 보다 변화를 지속하면서 인생의 중요한 도전에 직면하도록 돕는다.

스트레스는 우리들이 경험을 통해 배우는 데 도움을 주기 위해 고안된 생리적 상태라고 볼 수도 있다. 스트레스에 대한 새로운 반응을 통해 우리의 습관을 바꿀 수 있다. 스트레스를 느끼는 매 순간이 우리의 스트레스 본능을 전환시킬 수 있는 기회라고 할 수 있다. 우리 몸이 스트레스에 반응하고 있다고 느껴지면 스트레스 반응의 어떤 측면이 자신에게 가장 필요한지 자문해보는 것이 필요하다.

- 싸우고 싶은가?
- 달아나고 싶은가?
- 뭔가를 시작하고 싶은가?
- 누군가와 관계를 맺고 싶은가?
- 의미를 발견하고 싶은가?
- 성장하고 싶은가?

스트레스 반응은 우리를 위협으로부터 안전하게 보호하기 위한 생리적 시스템이다. 이러한 기능에 관심을 가짐으로써 만성적 자극에 의한 해로운 영향으로부터 보호하는 기능을 택할 수 있다. 보호기능은 단순히 운동, 건강한 식단, 규칙적인 수면, 최소한의 알코올 섭취, 금연만으로도 이룰 수 있다. 그러므로 간단하지만 건강한 생활습관을 위해 노력을 기울이는 것에 우선적으로 관심을 기울여야 한다.

일반적으로 중요한 일이 위태로워지면 스트레스를 받는다. 스트레스는 그 문제에 무엇인가 조치를 취하는 데 도움이 되는 스트레스 반응을 보이게 한다. 가치관이 위협받으면 스트레스를 느끼고, 용기가 필요한 순간에 스트레스를 받는다. 스트레스 반응은 기본적인 생존반응 이상으로 인간이 다른 사람과 관계 맺는 방식, 세상에서 자기 자리를 찾아가는 방식에 내재되어 있다. 그러므로 스트레스 반응은 더 이상 두려워할 대상이 아닌 인정하고 활용하며 오히려 신뢰해야 할 현상이다. 지금 원하는 반응양식에 집중해야만 생물학적 기능과 작용이 유용한 방향으로 변화할 수 있다(McGonigal, 2015).

(1) 스트레스 유발(Stress Generation)

스트레스에 수반되는 부정적인 결과들은 사실상 스트레스를 피하려는 노력 때문에 발생한다. 스트레스 피하기는 자신을 고립시키는 행위이기도 하고 더 많은 부정적 사건을 증가시키는 악순환을 일으키는 스트레스 유발 상황이 된다. 스트레스를 피하려고 할수록 이 악순환에 빠질 가능성은 높아지고 그 결과 스트레스의 원천을 더 많이 만들어내고, 개인의 자원은 고갈되어 기회를 잃고, 미래를 제약하는 결과를 낳을 수 있다.

(2) 사고방식 중재

보스톤에 거주하는 1,300명의 성인남성을 대상으로 자신의 삶에서 받는 두 가지 유형의 스트레스, 즉 이혼이나 큰 사고를 당하는 것과 같은 주요 생활사건과 일상에서 무수히 직면하는 사소한 골칫거리들을 50년 동안 보고하게 하여 관찰한 연구 결과 연구대상자들의 사망에 대한 가장 큰 예측변수는 일상적인 골칫거리로 나타났다. 이러한 결과는 일상생활 스트레스 자체보다는 사소한 스트레스가 해롭다고 믿고 자신의 삶이 침범 당했다고 믿었던 결과로 볼 수 있다. McGonigal(2015)에 의하면 많은 스트레스를 경험한 사람들의 43%가 사망위험이 증가하였다. 이것은 스트레스가 건강에 해롭다고 믿었던 사람들에게만 해당하고, 스트레스를 해로운 것으로 여기지 않은 사람들은 가장 낮은 사망위험을 나타냈다. 개인적인 가치는 스트레스가 사람들에게 미치는 방식에 영향을 준다. 스트레스가 자신의 삶에 해롭다고 여긴 사람은 부정적 영향을 받게 되고 반대로 스트레스가 하나의 도전이라고 생각하는 사람에게는 스트레스로부터 이익을 얻을 수 있다.

스트레스가 해롭다고 믿는 사람들에 비해 스트레스가 장점을 끌어올린다고 믿는 사람들이 인생에 대해 더 낙관적이고 만족감이 큰 것으로 나타났다. 또한 스트레스가 많은 상황을 감당하기 어려운 문제가 아닌 도전이라고 생각하며 그 도전을 처리할 능력이 있다는 확신감과 어려운 상황에서 의미를 발견하는 능력도 높았다. 게다가 스트레스에 대한 사람들의 사고방식과 사람들이 받는 스트레스의 심각성 사이에는 별 관련이 없는 것으로 나타났다.

스트레스가 유용하다는 믿음은 자기－충족적 예언이 되어 통제할 수 없는 상황을 성장의 기회로 만든다. 이러한 과정을 통해 인생의 시련에 감당할 수 있다는 자신감을 키우고 상황에 대처할 수 있는 자산을 쌓이게 하며 탄탄한 사회적 지지를 구축하도록 돕는다(McGonigal, 2015).

(3) 스트레스 역설(Stress Paradox)

심한 스트레스는 고통과 행복 모두와 관계가 있다. 행복한 삶이란 스트레스가 없는 삶이 아니며 또한 스트레스 없는 인생이 행복을 보장해주지도 않는다. 스트레스는 우리가 원하는 것들, 사랑과 건강 그리고 삶에 대한 만족감과 같이 오는 듯하며 고통스러운 스트레스에서 긍정적 결과를 이끌어내기 위해서는 의미를 발견하는 것이 중요하다. 스트레스는 우리 삶이 어딘가 잘못됐다는 신호가 아니라 우리가 개인적으로 중요하고 의미 있는 활동과 인간관계에 얼마나 적극적으로 관여하고 있는지를 알려주는 지표이기도 하다.

오히려 의미 있는 스트레스를 받지 못하면 건강에 해롭다는 연구결과는 왜 스트레스가 건강과 행복에 항상 유해하지 만은 않은지를 설명해주며, 생활 속 스트레스 원인이 인생에 의미를 부여하는 가장 큰 원천과 일치할 때 스트레스는 행복에 기여한다. 인간은 스트레스를 느끼면 본질적으로 중요해 보이지 않는 상황에서도 어떤 의미를 찾아내려는 욕구와 자신이 겪는 고통을 이해하려는 본능을 갖고 있고 이것은 심사숙고와 정신적 탐구, 자기반성의 형태로 나타난다.

(4) 스트레스 강인성(Stress Hardiness)

스트레스 상황에서 성공을 거둔 사람들의 공통된 특징은 우선 스트레스를 성장의 기회로 보는 관점이었다. 스트레스는 삶의 일부분이고 어렵다고 포기하거나 고립되기보다 충실한 삶을 이어가며 어떤 환경에 처하든지 상황을 바꿀 수 없다면 자신에게 영향을 미치는 방식을 바꾸기 위한 선택을 내려야 한다고 믿는 경향이 있다. 이들은 스트레스에 대해 적대적이거나 방어적이기 보다 자신을 소중히 여기며 스트레스를 딛고 성장하는 용기인 스트레스 강인성이 높았다. 인내하는 힘, 다른 사람과 연결되고 싶은 본능, 역경 속에서 희망과 의미를 찾아내는 능력은 인간의 기본적인 역량으로 어떤 사람이든 어떤 환경이든 스트레스를 받으면 솟아난다.

스트레스 내성을 설명하기 위한 개념으로는 성장사고방식, 회복력, 내재적 동기, 끈기, 학습된 낙관주의, 외상 후 성장, 전환과 지속 등이 있다. 스트레스를 통제할 수 없더라도 스트레스와 우리의 관계를 선택할 수는 있다. 스트레스를 인정하는 것은 불쾌함을 포기하는 대신 의미를 선택하는 용기 있는 행동이다.

(5) 스트레스 다루기

스트레스를 능숙하게 다룬다는 것은 스트레스에 동요되지 않고 냉정을 잃지 않는 것이 아니라, 스트레스를 통해 자신의 내면에 있는 용기, 관계, 성장이라는 삶의 중요한 면을 깨닫는 것이다. 다시 말하면 스트레스 경험을 통해 자신이 변화하도록 허락하고 자신에 대한 신뢰와 우주와의 유대감을 유지하며, 고통에서 의미를 찾기 위해 스트레스를 피하기보다는 적극적인 역할을 담당하는 것이다.

어려운 상황에서도 최소한의 통제능력을 가지고 나쁜 상황을 영구적이고 어디에나 있는 것으로 보기보다는 개별적 사건으로 보고 어려운 시기에 적절히 욕구불만을 해소하고 사회적 지원과 위안의 수단 찾아 더 많은 조절능력, 더 많은 예측가능성, 더 많은 욕구 불만 해소법, 더 많은 사회적 협력을 구하는 것이다.

James E. Loehr(2007)는 자신을 스트레스로부터 보호하려고 들면 결코 성장하지 못한다고 주장하면서, 자신의 한계에 도전할 때만 자신의 능력을 발전시킬 수 있다고 강조하였다. 그의 스트레스 대처에 설명은 다음과 같다.

□ 스트레스 반응능력과 적응능력은 비례한다.

적응능력을 키울수록 스트레스에 적절히 반응할 수 있는 능력이 증가된다. 스트레스의 양을 줄일 수 없는 상황에서 스트레스로부터 자신을 보호하려 하지 말고 스트레스를 어떻게 다룰 것인지를 적극적으로 생각하는 것이 좋다. 과잉보호는 적응능력을 감소시킨다.

□ 스트레스는 성장의 원동력이다.

아무런 자극이 없는 삶보다는 자신의 능력과 한계를 자극하는 사람과 상황들이 사람을 성장시키는 것은 물론 더 나아지고자 하는 욕구를 강화시킬 수 있다. 원수가 가장 좋은 스승이라고 하는 것처럼 스트레스는 개인의 신체적·이성적·감성적 성장을 자극하여 성장과 자기 단련의 기초가 된다.

□ 힘든 시간은 우리를 강하게 한다.

스트레스를 극복하면 강한 전투 의지와 자신감을 얻게 되며, 이는 미래의 전투에서 더 잘 싸울 수 있는 힘을 길러준다. 가장 어려운 시기는 큰 성장의 발판이다.

□ 인식에 따라 스트레스에 대한 생화학적 반응을 바꿀 수 있다.

우리의 몸은 우리가 위협을 인식하면 즉각적으로 유해한 생화학 물질을 분비한다. 하지만 스트레스 상황에 대한 인식을 긍정적으로 변화시키면 우리는 감정을 변화시킬 수 있다. 감정 상태는 그 순간 일어난 일에 의해서가 아니라 그 일에 대한 우리의 인식에 의해 결정되기 때문에 인식을 바꾸면 생화학 반응도 바뀐다.

□ 한계를 넘어선 스트레스는 독이 된다.

스트레스가 적응 능력을 넘어서면 정신적, 신체적 부담을 가중시킨다. 스트레스에 압도되었다는 느낌이 들기 전에 주변의 도움을 받는 것도 좋은 방법이다. 지나친 스트레스를 받고 있다면 그 상황에 점진적으로 적응할 필요가 있다.

□ 스트레스가 주는 불편함과 통증을 구분한다.

스트레스는 불쾌감을 동반하면서 우리가 성장하도록 돕는다. 하지만 통증은 능력의 한계를 위험할 정도까지 넘어섰다는 것을 알려주는 신체적 신호이므로 두 가지를 구분하는 것이 필요하다. 스트레스로 인해 불편한 느낌이 드는 경우에 정상적인 회복을 통해 문제해결이 가능하다. 반면, 슬픔, 침울함, 분노, 공포, 불안감, 의심 등과 같은 부정적 감정을 강하고 지속적으로 느낀다면 문제가 있는 것이다.

□ 스트레스에 잘 대처하면 다른 능력도 향상된다.

신체적 스트레스를 극복하는 능력이 향상되면 다른 스트레스에 대한 적응능력도 함께 향상된다. 운동은 물론 사무실에서의 활동도 에너지 소비를 필요로 하는 스트레스의 요인이다. 신체가 강도 높은 스트레스를 견뎌내기 위해서는 보다 많은 에너지를 소비하는 훈련을 해야 하고 그 과정에서 적응능력이 비약적으로 향상된다.

□ 강약 리듬을 살려 적응 능력을 강화시킨다.

스트레스 적응 능력을 강화시키기 위해서는 강약리듬을 살려 스트레스와 회복을 번갈아 해야 한다. 스트레스 적응 능력을 감소시키는 것은 일상적인 스트레스가 아니라 만성적인 스트레스이다. 만성적인 스트레스는 오랫동안 에너지를 재충전하지 못했을 때 생긴다. 따라서 자기 단련 훈련을 통한 강약리듬을 익히는 것이 바람직하다.

□ 스트레스 자체는 건강을 위협하지 않는다.

건강을 위협하는 것은 스트레스가 아니라 스트레스에 대한 반응이다. 오랫동안 지속된 분노, 짜증, 불안의 감정이 면역기능을 약화시키는 것이다. 극심한 충격과 스트레스 속에서 건강을 잘 지키는 사람들은 상황에 긍정적으로 적응하는 전략을 사용한다. 또한 자신의 도전에 의미를 부여하고 변화를 주도할 수 있다고 믿는 것이 중요하다. 또한 패배감에 젖을 때 신체는 더욱 약해지기 때문이다.

(6) 스트레스 반응 활용하기

스트레스를 받을 때 느끼는 불안이나 긴장감을 그대로 받아들이고 자신에게 흥분되는 일, 에너지, 동기부여와 같이 긍정적으로 받아들일 때, 감정고갈이 줄어 들고 압박감 속에서 자신을 신뢰하는 법을 배울 수 있다. 자신을 불안하게 만드는 요인을 회피한다면 공포심이 커지고 불안감에 대한 걱정만 불어나게 된다. 이러한 긴장감을 실수의 징조로 여기기보다 뛰어난 성과를 낼 준비에 돌입했다고, 불안감이 해롭지 않고 유용하다고 여기는 것이다.

□ 위협반응과 도전반응

투쟁–도피반응인 위협반응은 스트레스에 대해 위협적으로 느끼고 신체적 손상을 예상하며 방어준비를 한다. 도전반응도 위협반응과 유사한 신체반응을 하지만 신체손상을 예상하지 않기 때문에 안전감을 느끼고, 최대한 많은 에너지를 내기 위해 혈류량을 극대화시키지만 혈관은 이완된 상태를 유지한다. 업무 수행에 있어서 위협반응은 주목적이 자신을 보호하고 경계해야 하는 것이기 때문에 공포감, 분노, 수치심 같은 감정이 주로 경험되고 불리한 상황에 대한 관심이 고조되어 자기회의가 한층 커지는 악순환이 일어난다.

반면, 도전반응은 손상을 피하는 것이 아니라 원하는 바를 추구하는 것이 주목적이기 때문에 불안과 함께 흥분되고 생기 넘치며, 자신감이 솟고 자신의 자원을 활용하며 주변 환경과 교류할 마음을 먹게 된다. 위협반응이 뇌가 미래의 위협에 예민해지도록 만들어 위협을 감지하고 생존대응을 재빨리 할 수 있도록 돕는 반면 도전반응은 스트레스 상황을 통해 긍정적인 의욕을 강화하는 전두엽 피질과 연결되어 회복력을 배울 가능성이 커진다.

다양한 스트레스에 대한 적절한 반응을 결정하는 가장 중요한 요인은 자신의 스트레스 대처능력을 자신이 어떻게 생각하는가이다. 스트레스 상황에서 상황과 자신의 자원을 평가하는 질문은 다음과 같다.

- 이 상황이 얼마나 힘들게 전개될까?
- 나에게 기술과 힘 그리고 용기가 있나?
- 나를 도와줄 만한 사람이 있나?

자신감을 가지고 자신이 처한 상황과 자신이 동원할 수 있는 역량을 저울질 하면서 자신의 대처능력을 평가하는 스트레스 반응을 자원으로 인식하는 태도는 효과적이다. 결국 스트레스에 대한 개인의 평가가 스트레스 반응을 결정하는 열쇠이다. 만약 스트레스가 심한 상황이 자신의 능력을 넘어선다고 믿는다면 위협반응을 보이고, 성공할 수 있는 능력이 있다고 믿는다면 도전반응을 보일 것이다. 도전 반응을 위해서 자신의 능력에 집중하는 것이 중요한다. 즉, 자신의 힘을 인정하고, 이 도전을 어떻게 준비했는지 생각하고, 이와 비슷한 도전을 극복한 과거의 경험을 기억하기, 사랑하는 사람들이 돕고 있다고 상상하기, 기도하기, 다른 사람들이 자신을 위해 기도한다고 생각하기 등이 효과가 있다.

(7) 배려 – 친교 반응의 활성화

사람들은 스트레스를 느끼면 힘들어하면서 동시에 배려심, 협동심, 동정심을 증가시킨다는 것이 연구를 통해 확인되었다. 즉, 스트레스를 받으면 친근하게 대하며, 이야기를 들어주고 정서적인 도움을 주는 등 사회적 교감을 강화시키는 행동을 많이 하는 경향이 나타났다. 다시 말하면 스트레스를 느낄 때면 남성과 여성 모두 사람을 더 신뢰하고 더 관대해지며 자신의 안위를 걸고 다른 사람들을 기꺼이 보호하려는 모습을 보이기도 한다. 물론 투쟁–도피 반응을 통해 대체로 공격적이고 방어적인 태도를 보이지만 스트레스가 사람들을 더 다정하게 만들거나 보살핌을 유발하기도 하는 배려–친교반응을 하게도 한다는 것이다.

진화론적 관점에서 보면 후손을 보호하기 위해 위험을 피하려는 기본적인 생존반응에 대항하면서 사랑하는 사람을 보호할 용기를 갖추기 위해서는 자신감과 용기가 필요하다. 그러므로 배려–친교반응은 공포를 줄이고 희망을 키우도록 만들어진 생물학적 상태로 이것은 옥시토신 호르몬의 활성화로 조절되어 뇌의 공포중추를 억제해 용기를 북돋아준다. 또한 신경전달물질인 도파민을 통해 보상체계가 활성화되어 신체적 행동을 취할 수 있도록 뇌를 준비시키고 세로토닌을 통해 지각력, 자제력이 강화되면서 자신의 행동이 긍정적인 영향을 미치는 데 도움이 되도록 돕는다.

자신의 스트레스에 압도당하든 타인의 고통에 어쩔 줄 몰라 하든 그 상황을 피하기보다 관계를 만들어가는 것으로 희망을 만들 수 있다. 이런 행동을 통해 자신의 동기와 낙천주의를 유지할 수 있고 자신감을 강화시킬 수 있다. 사회생활을 해야 하는 모든 종은 서로를 보살피도록 만드는 동기체계를 갖추고 있으며 이 체계를 통해 희망과 용기, 적절한 자원을 활용할 수 있게 하는 에너지를 부여받는다.

□ 개인적인 위기 이후에 남을 도움으로써 절망감이 줄어든 사례

– 자연재해가 닥친 뒤 자원봉사에 나선 사람들은 삶의 스트레스로 인해 낙천성과 활력이 높아지고 분노 및 위압감이 감소함.
– 배우자와 사별한 사람이 다른 사람들을 보살피면서 우울증이 감소함.
– 자연재해의 생존자들이 다른 사람들을 도와주면 그 사건의 직접적인 여파로 외상 후 스트레스 장애에 걸릴 가능성이 적음.
– 만성통증에 시달리는 사람이 같은 증상을 가진 다른 사람을 상담해주면 고통과 실제 장애 및 우울증이 감소하고 목적의식이 증가함.
– 생명을 위협하는 건강상의 위기를 견딘 뒤에 자원봉사를 시작한 사람들은 희망감이 커지고 절망감이 줄어들며 목적의식이 강해짐.

이러한 변화는 다른 사람을 배려하는 행동을 통해 옥시토신 체계가 활성화 되는 것으로 추측되고, 결국 우리의 행동이 스트레스 반응을 변화시킬 수

있다는 것을 알 수 있다. 다시 말하면 남을 돕는 행동은 스트레스의 회복력을 발생시킨다.

6. 스트레스 이론

1) 취약성-스트레스 모델(Vulnerability-Stress Model)

취약성－스트레스 모델은 환경으로부터 주어지는 심리·사회적 스트레스와 그에 대응하는 개인의 특성을 고려한다. 특정한 장애에 걸리기 쉬운 개인적 취약성은 생리적 과민, 성격과 같은 개인의 지속적인 특성을 의미하고 심리·사회적 스트레스란 환경으로부터 주어지는 부정적인 생활사건으로 개인이 그러한 사건에 대처하기 위해 심리적인 부담, 즉 스트레스를 느끼는 환경적 변화를 말한다. 이 모델에 따르면 취약성을 지니고 있는 사람에게 특정 스트레스가 주어졌을 때 정신장애 발생에 영향을 미칠 수 있고 그 정도는 사람마다 다양하게 나타난다. 개인의 특질이 인생초기 스트레스와 결합하여 이후 청소년기나 성인기에도 영향을 주고, 부정적인 스트레스 상황에서 신경생물학적 취약성이 활성화되어 스트레스에 대한 민감성이 고양되고 심리적으로도 취약하게 된다(Nezu, Nezu, & D'Zurilla, 2013).

취약성－스트레스 모델은 인간의 행동이 개인과 환경의 함수관계에 의해 설명될 수 있다는 심리학의 기본원리를 반영하며 개인적 요인과 환경적 요인을 통합할 수 있는 이론적 토대를 제공한다. 유전적 요인·성격특성·대처방식과 같은 개인적 취약성은 부적응적인 사고, 미숙한 행동대처 등을 매개로 신체질환이나 대인관계 스트레스와 같은 심리사회적 스트레스를 일으킨다고 본다.

(1) 취약성－스트레스 모델을 기반으로 한 문제해결 접근

스트레스에 대한 적응적 혹은 부적응적 반응에 대한 문제해결 과정을 설명하기 위한 모델은 폭넓게 개인의 생물·심리·사회적 맥락에 기반을 둔다. 문제해결접근은 스트레스, 정서, 대처 그리고 적응에 대한 심리·사회적이고 신경·생물학적인 변인들 간의 작용에 초점을 두고 문제해결 치료가 이 과정에 도움이 되는 이론적 정보를 제공한다.

초기 유전적 요인과 아동기 스트레스의 상호작용이 스트레스 민감성을 높여 생물학적 취약성을 일으킨다. 동시에 습득된 부족한 문제해결 대처로 인해 심리적 취약성이 형성된 상태에서 후기 인생에서 주요 부정적 사건과 일상 스트레스가 심각한 스트레스로 경험할 가능성과 부적절한 방식으로 대처할 가능성이 높아지게 된다. 이러한 스트레스 자극은 두 개의 축, 즉 교감부신수질 시스템(SAM)과 시상하부 뇌하수체 부신피질 축(HPA)으로 연결되는데 SAM에서는 주로 아드레날린과 노르에피네프린 호르몬이 방출되면서 투쟁-도피 반응을 활성화하고, HPA축은 코티졸을 방출하여 신경계, 분비샘, 면역계의 균형을 잡으려 한다.

스트레스 자극에 대한 정보는 두 개의 경로를 통해 우리 몸에 전달된다. 시상에서 편도체로 이어진 직접적 경로와 대뇌 피질을 통과하는 간접적 경로로 나눌 수 있다(Nezu et al, 2013). 정서적 자극이 편도체의 이중 시스템에서 서로 다른 행동적·정서적 반응을 보일 수 있다. 낮은 경로를 통한 즉각적인 정서반응은 불충분하고 부정확한 정보를 제공할 수 있기 때문에 효과적인 판단이 어려운 점을 강조하면서 더 효과적인 정서반응을 할 수 있는 의식적 경로를 사용하기 위한 문제해결 접근을 제시한다. 스트레스 상황에서 효과적으로 문제를 해결하기 위해 멈춰서 생각할 기회를 제공하여 편도체가 더 효과적인 반응을 선택하도록 돕고 정서적 자극이 목표달성행동을 방해하지 않도록 하여 인지적 수행을 손상시키지 않도록 돕는 것이다.

2) 생물·심리·사회적 모델(Biopsychosocial Model)

생물·심리·사회적 모델은 생물학적, 심리적, 사회적 요인을 종합적으로 고려하는 모델로 이 세 영역은 서로 상호작용한다는 가정에 기초한다(Engel, 1977). 신체질환이 생물학적 원인뿐만 아니라 심리·사회적 원인에 의해 유발될 수 있다는 입장에 근거하여 신체 질환에 영향을 미치는 다양한 심리·사회적 요인을 고려하는 생물학적, 심리적, 사회적 요인을 종합적으로 고려하려는 입장을 취한다. 생물학적 요인에는 유전자, 뇌의 구조적 이상, 질병, 영향 섭취 등이 포함되고 심리적 요인으로는 정서동기·인지·행동·발달적 요인들이 포함되며, 사회적 요인에는 개인의 결혼상태·가족구조·직업과 사회문화적 요인, 경제적 요인 등이 속한다.

생물·심리·사회적 모델은 체계이론에 근거를 두고 있다. 인간의 반응은 신체적, 심리적, 사회적 측면의 다양한 요인과 다양한 경로를 통해 복합적으로 작용하며 서로 연결되어 있으므로 특정 이론에 맞추기보다 복잡한 상호작용과정을 고려해야 한다는 입장이다.

3) 스트레스 반응이론(Stress Response Theory)[2)]

외상적 스트레스를 경험한 후 유발된 외상 후 스트레스 장애(PTSD)의 심리적 과정을 이해하기 위한 스트레스 반응이론은 Horowitz(1976)에 의해 제시되었다. 외상정보가 어떤 과정을 통해 인지적으로 처리되어 기존의 사고체계에 통합되는지를 설명한다. 외상적 사건을 경험한 사람은 일반적으로 다음과 같은 5단계의 과정을 나타낸다.

□ 절규(outcry)

심한 충격 속에서 극심한 고통과 스트레스를 느끼고 이러한 사건을 기존의 기억체계에 통합하려고 시도하나 수용되지 않고 정보과부하에 시달리며 부인하거나 억압함.

□ 회피

외상관련 자극 회피, 해리증상

2) 현대이상심리학, 권석만.

□ 동요

새로운 사건의 경험을 기존 사고체계에 통합하려는 인지 경향성으로 의식에 침투, 플래시백, 악몽(인지적으로 처리되지 못한 외상경험이 활성화 된 채로 의식에 침투), 회피와 침투증상이 함께 나타남. PTSD의 부적응 상태. 적절한 심리치료 요구됨.

□ 전이

외상정보가 인지적으로 처리되면서 기존 신념체계와 통합됨.

□ 통합

외상경험의 의미 탐색, 기존 신념체계가 확대되고 정교화, 확장된 안목을 갖게 됨.

7. 스트레스 취약 대상

1) 아동

아동은 아직 뇌가 완전히 발달하지 않았을 뿐만 아니라 스트레스의 영향에도 취약하여 스트레스가 스트레스 반응능력과 뇌 발달에 영향을 미칠 수 있다. 아동기에 경험한 정신적 외상은 성인이 된 후 외상 후 스트레스와 우울증에 걸릴 가능성을 높게 하고 해마의 위축과 인지결손을 야기할 수 있다.

하지만 아동은 뇌의 스트레스에 대한 탄력성이 높으므로 간단한 관심과 조치만으로도 질병과 반사회적 행동을 예방할 수 있다. 또한 어릴 때의 생활습관이 성인기의 스트레스를 증가시킬 수 있으므로 적절한 운동과 건강한 식습관을 형성시키는 데 노력을 기울이는 것이 무엇보다 중요하다.

2) 노인

노인은 뇌의 노화와 함께 스트레스에 가장 취약한 집단일 수 있다. 특히, 만성적인 스트레스를 적절히 관리하지 못하면 해마기능이 손상되고 그 결과 코티졸 수치가 상승하면서 뇌를 손상시킨다. 이러한 과정이 되풀이 되면서 노인들은 스트레스 과부하에 더 노출될 가능성이 높고 탄력적인 대처 능력도 떨어지기 때문에 매우 취약해진다. 특히, 사회적으로 고립되고 건강한 식생활을 유지하기 힘든 독거노인의 경우 노인 우울증을 유발할 가능성이 증가되며 기타 질병이나, 저조한 활동에 노출되어 더 악화될 가능성이 높다. 점점 인구가 빠르게 노령화되어가는 현대사회에서 노인의 스트레스에 대한 공동체의 관심과 국가적인 정책은 더욱 필요하다고 볼 수 있다.

3) 소외계층

저소득층이나 낮은 사회적 지위, 결손 가정 등 소외계층의 경우 스트레스에 더 취약할 가능성이 높다. 기본적으로 건강한 식단을 유지하고 규칙적인 운동을 할 시간적 여유가 없는 경우 스트레스 위험에 더 노출될 환경과 그에 대한 대처 행동 또한 더 심한 스트레스의 원인이 될 수 있다. 스트레스는 삶을 통제할 수 있다는 믿음에 많이 좌우된다. 소외계층의 경우 기본적인 생활을 유지하기도 어려운 상태에 처해 있기 때문에 삶에 대한 통제감을 박탈당했다고 느끼기 쉽고 이로 인한 학습된 무기력으로 인해 더욱 스트레스 상황을 악화시키는 악순환을 되풀이하기 쉽다.

위에서 언급한 것과 같이 취약대상을 위한 노력이 중요하다. 스트레스는 의지만으로 극복할 수 있는 것이 아니다. 기본적으로 건강한 삶을 유지할 수 있는 환경과 생활수준이 제공되어야 하므로 공중 보건적 접근으로 취약 대상의 스트레스에 적극적으로 관심을 갖고 적절한 정책을 시행하려는 노력이 요구된다.

8. 스트레스 평가

성공적인 스트레스 관리를 위한 훌륭한 도전 중의 하나는 스트레스를 유발하는 것이 무엇인지를 확인하는 것이다. 어느 정도의 스트레스는 자신의 삶에서 중요한 것을 다루기 위해 더 활성화시키고 동기를 부여하므로 그러한 에너지에 초점을 맞추는 것은 매우 중요하다. 불필요한 스트레스를 일으키는 요인을 어떻게 정할 수 있을까? 이것을 위해서는 스트레스 수준을 살피는 것이 매우 중요하다. 그러나 사건에 대한 반응이 사람마다 다르기 때문에 경험하고 있는 스트레스 수준을 측정하기 위한 하나의 가장 적절한 도구는 존재하지 않는다.

스트레스는 다양하고 복잡한 형태와 정도로 나타나고 사람들마다 각자 고유한 지각과 해석을 통해 다양한 방법으로 반응한다. 또한 급성 스트레스와 만성 스트레스가 미치는 영향은 다르기는 하지만 두 종류의 스트레스를 분명하게 분리하기도 쉽지 않다. 이처럼 스트레스 원인의 복합성과 인구학적 특성에 따른 영향에서의 차이 때문에 많은 스트레스 연구자들이 스트레스에 대한 정의와 스트레스를 측정하는 데 다양한 의견을 제시하고 있다.

지난 40년간 사용된 Holme 와 Rahe(1967)에 의해 고안된 사회재적응평가 척도(Social Readjustment Rating Scale)는 주요생활사건변화를 묻는 것에서 고객이나 가족과 싸우거나 하루에도 몇 번씩 일어나는 교통체증과 같은 사소한 골칫거리들로 나열된 일상적 스트레스 척도(Daily Hassles Scale)까지 다양한 영역에 대해 평정한다. 이외에 지각된 스트레스 척도(Perceived Stress Scale)와 스트레스 영향을 평가하기 위한 기분 상태 프로파일, 직업 · 여성 · 아동 · 십대 · 노인과 같이 대상을 한정하거나 타입 A형 행동, 우울, 분노, 불안과 같은 스트레스 반응인 행동유형이나 심리적 장애를 구체적으로 다루도록 고안된 척도들이 있다. 많은 연구자들이 스스로 스트레스 문항을 만들어 사용하고 있지만 그 타당도가 확인되었더라도 적절성은 아직 확실하지 않다.

1) 스트레스 반응검사(WSRI): 직장인을 위한 스트레스 반응지수[3)]

번호	문항	번호	문항
1	가슴이 답답하다	14	멍하게 있다
2	소화가 안 된다	15	지루하다
3	배가 아프다	16	나는 아무 쓸모가 없는 사람이다
4	어지럽다	17	움직이기 싫다
5	쉽게 피로를 느낀다	18	신경이 날카로워졌다
6	온몸에 힘이 빠진다	19	목소리가 커진다
7	몸이 떨린다	20	마음이 급해지거나 일에 쫓기는 느낌이다
8	머리가 무겁거나 아프다	21	행동이 거칠어졌다
9	가슴이 두근거린다	22	참을성이 없다
10	만사가 귀찮다	23	내 일이 지겹게 느껴진다
11	자신감을 잃었다	24	최근에 결근이나 조퇴를 한 적이 있다
12	의욕이 떨어졌다	25	나는 일을 할 때 실수를 하게 된다
13	내가 하는 일에 전망이 없다	26	나는 요즘 회사를 그만둘 것을 고려중이다

2) 스트레스 자가 진단(Stress Self-Assessment)[4)]

외부 사건보다 개인의 사건에 대한 지각과 그것에 대처하려는 방식이 스트레스를 일으킨다. 스트레스 반응은 사람마다 다르므로 스스로 자신의 스트레스 수준을 인식하고 스트레스 반응이 해로운 영향을 미치지 않도록 하는 것이 중요하다. 자가 평가는 진단을 목적으로 하는 것이 아니라 현재 자신의 스트레스 수준에 대한 전반적인 그림을 갖고 자신을 더 잘 이해하도록 안내하는 것이 주요 목적이다. 이러한 방법은 자신이 가고 싶은 곳과 그 곳을 어떻게 갈 수 있을지를 정하는 데 도움이 될 것이다. 스트레스를 포괄적으로 측정하기 위한 다양한 관점을 살펴보면 다음과 같다:

---

3) 인제 대학교 서울 백병원 스트레스 센터.

4) http://faculty.weber.edu/molpin/healthclasses

■ 스트레스의 생리적 지표

스트레스는 맥박과 호흡수를 증가시키는 것처럼 생리적 변화를 일으킬 수 있다. 두통, 근육 긴장, 불면증 등이 스트레스 증상의 경고신호이다.

■ 삶에서 일어나고 있는 일에 대한 당신의 지각

스트레스 평가에서 지각이 가장 중요한 열쇠이다. 개인의 지각에 따라 같은 상황에서도 다른 반응을 일으킬 수 있다.

■ 스트레스의 원인과 잡다한 일들의 빈도

서로 다른 스트레스와 골칫거리들에 시달리는 빈도가 스트레스 평가를 위한 또 다른 방법일 수 있다.

■ 삶에서 일어나는 일들에 대해 만족하는 수준

삶에서 스트레스의 균형 잡힌 조망을 위해 신체, 정신, 정서, 영성, 사회성 등 모든 차원의 건강을 고려하는 것이 필요하다.

■ 당신이 경험하는 인생사건 유형

일상 스트레스 일지는 삶에서 경험하는 스트레스를 자각하는 데 도움이 된다.

스트레스를 측정하는 것은 매우 복합적이고 어려운 과정이다. 스트레스를 평가하는 일은 스트레스를 줄이고 다루기 위해 첫 번째로 중요한 시도이다. 한 가지의 조사나 도구만으로 전체적인 그림을 그릴 수 없다. 가능한 다양한 관점에서 스트레스를 측정함으로써 우리는 좀 더 자신에 대해 많은 정보를 가질 수 있다. 마치 퍼즐 조각 맞추듯이 측정 결과를 조합하면 우리는 완전한 그림을 그릴 수 있고 이러한 노력을 통해 자신의 개인적 스트레스 수준을 더 다각적으로 이해하는 데 도움이 될 것이다. 그러므로 이러한 노력을 통해 스트레스를 줄이고 삶의 질을 높일 수 있는 정보와 도구를 제공받을 수 있다.

(1) 스트레스 측정: 스트레스의 생리적 지표

휴식기 심박수(Resting Heart Rate)	______분당
호흡 패턴(Breathing Pattern)	______배 ______가슴 ______모두
호흡수(Respiration)	______분당
Stress－0－meter	1 2 3 4 5 6 7 8 9 10

■ 심박수 측정

손목이나 턱 밑의 목 근처 맥박 수를 1분간 잰다(성인 평균 맥박수는 분당 70－80임).

■ 호흡 패턴

첫 번째 방법: 똑바로 앉아서 의자에 기댄 후 한 손바닥으로 배꼽을 덮어 배에 얹는다. 다른 한 손으로 심장 위의 가슴에 손을 얹는다. 호흡을 느끼고 어느 부분이 더 움직이는지를 관찰한다. 배 위인가? 가슴 위인가? 아니면 둘 다 똑같이 움직이는가?

두 번째 방법: 심호흡을 하여 폐를 비우고 세 번 세면서 숨을 들이마시고 멈춘다. 어깨가 올라가는가? 폐 윗부분에 공기가 찬 것 같은가? 그렇다면 가슴으로 숨을 쉬는 것이다. 횡격막으로 숨을 쉰다면 복부가 팽창되어 벨트가 조이고 폐나 가슴 아래에 가득 찬 느낌을 갖게 된다.

■ 호흡수

1분간 자연스럽고 아무 노력을 들이지 않는 호흡수를 잰다. 가능한 가장 자연스럽고 정상적으로 호흡한다. 들이쉬고 내쉬고를 한 번의 호흡으로 세서 호흡수를 측정한다(평균 호흡수는 분당 12－16회임).

■ Stress－0－meter

지난 한 달간의 모든 일을 가능한 회상하여 다음 척도에 따라 숫자를 매긴다. 1은 그 기간 동안 스트레스가 상대적으로 없다고 느껴, 내내 더 없이 행복하고 고요하며 평온한 상태를 말한다. 10은 대부분 매우 불안함을 느낀 경우이다. 신경증, 자살충동, 혹은 매우 우울한 느낌으로 시달린다. 10은 가장 높은 수준의 스트레스를 의미한다. 지난 한 달을 어느 한 시점으로 여기고 자신의 상태를 이 두 극단의 어디쯤에 있는지 점수를 매긴다. 한 달 평균을 낸다면 이 척도의 1에서 10의 어디에 두고 싶은가?

심박수나 호흡수가 빠를수록 스트레스 수준이 높다는 지표가 될 수 있다. 목이나 가슴으로 호흡하는 경우는 낮은 숨을 쉬고, 횡격막이나 배로 호흡하는 경우는 더 깊은 호흡을 촉진한다. 깊은 호흡은 더 많은 산소를 확보하고 이완 기법에 매우 효과적이다.

스트레스에 대한 당신의 지각은 당신의 몸이 어떻게 반응하는가를 결정한다. 스트레스 0미터는 당신 삶에서 스트레스를 지각하는 수준을 자각하는 것을 촉진한다. 지난 한 달간 지각된 스트레스 수준을 평가할 수 있다. 이러한 지각은 우리 신체의 생화학적 반응에 영향을 준다. 스트레스가 실제이든 상상에 의한 것이든 우리의 지각이 우리의 현실이 된다.

(2) 스트레스 증상

얼마나 자주 이러한 증상을 느끼는가? 다음 표를 사용하여 스트레스가 일반적으로 자신들에게 나타나는 증상의 빈도를 체크하세요.

증상 빈도 / 증상	거의 하루 종일, 매일	하루 한두 번	매일 밤, 매일 낮	일주일에 2~3번	일주에 한 번	한 달에 한 번	없음
두통							
근육긴장, 목과 등 결림							
피로							
불안, 걱정, 공포							
잠들기 어려움							
초조							

불면							
분노/적개심							
권태감/우울							
너무 많이 또는 너무 적게 먹음							
설사, 쥐나기, 방귀, 변비							
안절부절, 가려움, 틱							

스트레스 증상을 많이 느끼면 느낄수록 당신 삶에 스트레스의 부정적 영향을 더 많이 받을 수 있다. 심지어 이러한 증상에 익숙해져 마치 이것이 정상인 것처럼 느껴질 수 있다. 이 스트레스 증상 빈도표를 보면서 바꾸거나 없애고 싶은 증상은 어떤 것인가?

(3) 한국판 지각된 스트레스 척도

이 척도는 지난 한 달 동안 어떤 감정과 생각이 들었는지 물어보는 것입니다. 각 질문에 대해 당신이 얼마나 자주 느끼거나 생각했는지를 "V" 표시해 주십시오.

0= 전혀 아니다 1= 거의 아니다 2= 가끔 3= 꽤 자주 4= 매우 자주

1. 지난 한 달 동안, 예상치 못한 일이 생겨서 기분 나빠진 적이 얼마나 있었나요?
2. 지난 한 달 동안, 중요한 일들을 통제할 수 없다고 느낀 적은 얼마나 있었나요?
3. 지난 한 달 동안, 초조하거나 스트레스가 쌓인다고 느낀 적은 얼마나 있었나요?
4. 지난 한 달 동안, 짜증나고 성가신 일들을 성공적으로 처리한 적이 얼마나 있었나요?
5. 지난 한 달 동안, 생활 속에서 일어난 중요한 변화들을 효과적으로 대처한 적이 얼마나 있었나요?
6. 지난 한 달 동안, 개인적인 문제를 처리하는 능력에 대해 자신감을 느낀 적은 얼마나 있었나요?
7. 지난 한 달 동안, 자신의 뜻대로 일이 진행된다고 느낀 적은 얼마나 있었나요?
8. 지난 한 달 동안, 매사를 잘 컨트롤하고 있다고 느낀 적이 얼마나 있었나요?
9. 지난 한 달 동안, 당신이 통제할 수 없는 범위에서 발생한 일 때문에 화가 난 적이 얼마

나 있었나요?
10. 지난 한 달 동안, 어려운 일이 너무 많이 쌓여서 극복할 수 없다고 느낀 적이 얼마나 있었나요?

※ 이 척도는 Cohen, Kamarck과 Mermelstein (1983)의 지각된 스트레스 척도를 한국 실정에 맞게 타당화하였음.

(4) 최근 경험한 삶의 사건들 목록: 경험의 강도 표시하기(0–3)
예) 친밀할 사람과의 갈등, 실망, 너무 많은 일들, 배반당함 등

점수가 높을수록 더 많은 스트레스 요인들에 노출되고 있고 합산 점수를 통해 현재 스트레스 수준을 알 수 있다. 어떤 골칫거리가 자신의 삶에 더 많이 영향을 미치는지 알 수 있는데, 즉 3점을 준 항목들이 중요한 주제이다.

(5) 아델 만족감 스트레스 테스트(The Ardell Wellness Stress Test)

다음 항목에 해당되는 정도를 표시하시오.

+3= 더 없이 만족스러운 +2= 매우 행복한 +1= 약간 행복한 0= 무관심한
−1= 약간 실망스러운 −2= 매우 실망스러운 −3= 완전히 낭패감이 드는

1. 직업의 선택
2. 만족스런 삶을 영위할 수 있는 능력이나 현재 직업
3. 결혼 혹은 피트니와의 관계
4. 중요한 관계(가족, 친한 친구)
5. 즐길 능력과 정기적으로 좋은 시간을 경험하는 정도
6. "사는 건 좋은 일이야."라는 느낌으로 꽉 찬 충만감을 최근에 느꼈던 정도
7. 재정 상태와 미래 전망
8. 자신이 누구인지 어떻게 성장할 것인지에 대한 느낌(자기-존경과 신뢰)
9. 삶의 의미와 목적(영성 포함)
10. 자기-가치감 수준과 타인이 자신을 보는 견해에 대한 추측
11. 당신을 아는 사람들과 타인에게 미치는 영향에 대한 전망
12. 성생활
13. 몸이 어떻게 보이고 싶은가?

14. 흥미와 열정을 포함한 가정생활
15. 삶의 기술과 교육-직업과 무관한 주제와 사실을 인식하는 것
16. 변화, 위기, 실패와 예상 밖의 상황을 다루는 능력
17. 영양학적 지식, 태도와 소비 패턴
18. 실망, 상처, 비극에서 회복되는 능력
19. 잠재력
20. 흥미와 균형 잡힌 삶의 질
21. 당신의 삶이 점점 더 좋아지고 있고 충만해지고 있다는 느낌
22. 즉각적인 흥미를 넘어선 주제와 관심에 참여하는 정도
23. 자녀 양육 스타일/원칙의 선택
24. 친구, 친지들과의 관계 역할
25. 나이 듦, 노화, 죽음과 같은 피할 수 없는 현실을 정서적으로 받아들임

9. 스트레스 대처전략

스트레스를 관리하는 최상의 방법은 스트레스를 줄이거나 피하는 것이 아니라 스트레스에 대해 다시 생각해 보고 심지어 포용하는 것이다. 스트레스 수용을 통해 도전이나 시련에 직면하여 의욕을 갖고 스트레스 에너지를 효율적으로 활용하며, 스트레스 경험을 사회적 고립이 아닌 사회적 관계의 원천으로 변화시키며 고통의 의미를 발견할 수 있다. 스트레스에 대한 사고방식과 대응방식은 우리에게 영향을 미치는 방식에서 중요한 역할을 한다. 사고방식의 재설정이라는 스트레스 전환행위를 통해서 신체적 스트레스 반응을 변화시키고 사고방식을 달라지게 할 수 있다. 이를 통해 새로운 행동을 유발하여 고통을 성장과 의미 및 관계로 전환시킬 수 있다. 이처럼 스트레스로 인한 괴로움이나 고통보다는 스트레스의 이점에 집중하면 신체적·정신적으로 스트레스를 경험하는 방식이 바뀌고 결국 인생의 도전적 상황에 대처하는 방식도 달라진다(McGonigal, 2015).

비록 스트레스가 우리의 삶을 위협하고 고통스럽게 하지만, 스트레스를

통해 자신의 한계에 도전하고 자신의 능력을 발전시킬 수 있다. 그러므로 스트레스로부터 보호받거나 피하려하기 보다 스트레스에 대한 대처 능력을 향상시키는 것이 중요하다. Folkman과 Lazarus(1980)는 대처란 요구를 다루거나, 줄이기 또는 인내하기 위한 모든 인지적 행동적 노력이라고 정의하였다. 구체적으로는 '스트레스의 영향을 예방하거나 제거하고, 혹은 약화시키기 위한 건강하거나/하지 않은, 의식적/무의식적인 모든 노력 혹은 최소의 해로운 방식으로 그 영향을 견디는 것'으로 대처는 항상 건설적이고 효과적이기보다 비효과적일 수도 있다(Matheny, Aycok, Pugh, Curlette & Silve-Cannella, 1986). 스트레스는 효과적으로 다루면 성장의 원동력이며 우리를 강하게 하므로 스트레스에 적절히 반응할 수 있는 적응능력을 키우는 것이 중요하다. 즉, 스트레스 상황을 위협적으로 인식하기보다 긍정적으로 인식하면 우리의 감정이 변화되고 그에 따른 생리적 반응도 바뀐다(Lehrer 등, 2007).

건강을 위협하는 것은 스트레스 자체가 아니라 스트레스에 대한 반응이기 때문에 스트레스 사건에 의미를 부여하고 변화를 주도할 수 있다고 믿고 강약리듬에 따라 적응능력을 강화시키는 것이 중요하다. 하지만 개인의 적응능력을 넘어선 스트레스는 정신적 · 신체적 부담을 가중시키므로 주변의 도움을 받거나 점진적으로 적응하고, 불쾌감이나 통증이 느껴진다면 문제해결의 필요성에 적극적으로 대처해야 한다. 사람들은 스트레스를 받게 되면 대체로 기존의 수단과 방어체계를 동원한다. 이 과정에서 지금까지 반사적으로 반응해 온 아동기 경험에 의한 대처양식을 깨닫고 현실 문제에 적절하게 반응할 수 있도록 새로운 대처양식을 개발해야 한다. 타인을 만족시키는 쪽으로 행동하기보다 자기 자신을 만족시키고 행복하게 하는 일을 선택하고 자신이 원하는 것을 할 수 있도록 스스로에게 허락해야 한다. 어렸을 때 부모의 걱정과 분노가 자신에게 미치는 고통스러운 영향을 회피하거나 부모의 감정을 위로하기 위해 행복한 표정을 짓던 어린아이에서 이제는 자신의 진짜 감정을 의식에서 격리시키거나 억압하지 않고 표출할 수 있는 새로운 대처 양식이 요구된다.

생리적 스트레스는 성격적 특성과 질병사이의 연결고리로 특정의 성격적 특성은 개인의 고정된 대처양식이 되어 만성적으로 스트레스를 증가시키고 질병의 위험성을 더욱 높이게 된다. 아동기에 감정을 효과적으로 표현하는 법에 대한 학습이 적절히 이루어지지 않으면 장기간의 정서적 경험이 잠재적으로 피해를 가져오는 생물학적 사건, 즉 질병에 걸릴 수 있다. 어려운 스트레스 상황에서도 최소한의 통제능력을 가지고, 나쁜 상황을 영구적이고 어디에나 있는 것으로 보기보다는 개별적 사건으로 인식하고 좋아질 것이라는 인식과 함께 적절히 욕구불만을 해소하면서 사회적 지원과 위안의 수단을 찾는 것이 중요하다. 이를 위해서는 다각적으로 스트레스를 적절히 다루어야 한다. 하지만 스트레스 상황과 개인적 특성에 따라 스트레스에 대한 효과적인 대처가 다르므로 특정 상황에 적합한 전략을 구사하는 인식의 유연성과 함께 스트레스에 대한 인식을 변화시키며, 감정에 초점을 두면서 스트레스를 받아들이고, 연민과 사회적 지지에 관심을 두는 것이 효과적이다.

스트레스가 해롭다고 여기는 사람들의 대처방법은 주로 회피하는 경향이 크지만 스트레스가 유용하다고 믿은 사람들은 스트레스에 주도적으로 대처하려고 한다. 회피행동을 하는 사람은 스트레스의 원인을 해결하려고 하지 않고 주의를 돌리려 하거나 스트레스의 원인을 해결하려하기 보다 고통스런 감정을 없애는 데 집중하여 알코올이나 다른 물질에 의존하기도 하며 스트레스를 일으키는 관계나 대상에 쏟던 에너지와 관심을 거두어들인다. 이에 반해 적극적인 대처행동을 하는 경우는 스트레스의 실재를 수용하고 구체적인 해결책을 세우며 정보나 도움을 구하는 등 적절한 조치를 취하려고 한다.

스트레스에 적절히 대처하기 위해서는 인지적 유연성을 발휘하여 적절한 때에 알맞은 전략을 고르는 것이 중요하다. 먼저 스트레스에 대한 인식을 바꾸고, 내면의 감정에 초점을 두면서 인간관계와 사회적 자원에 초점을 두는 것이 중요하다. 효과적인 대처는 상황에 따라 달라질 수 있다. 예를 들어 수험생의 경우 공부를 하는 것으로 시험 스트레스를 줄이는 것이 효과적이고, 질병의 경우 문제 해결적 접근이 적절하며 사랑하는 사람의 죽음으로 인한 스트레스는 감정이나 관계에 대처하는 접근이 유효하다.

스트레스에 시달리는 동안 새로운 것을 시도하기 위한 자원을 찾기는 정말로 힘들지만, 이러한 노력은 반드시 필요하다. 스트레스가 심한 상황에서 나아질 것이라는 희망과 동시에 나아지지 않을 가능성을 부정하지 않으면서 현재의 스트레스에 대한 통제 능력을 찾아내려고 노력하는 것이 바람직하다. 또한 적극적으로 욕구불만을 해소할 방도를 찾고 정기적으로 실행해야 한다. 하지만 그 해소법이 자신에게 적합하고 주위사람들에게도 좋은 것이어야 한다. 일상생활의 자그마한 부분에서도 질병에 걸릴 위험을 미리 예방할 수 있는 스스로의 능력을 깨닫고 세상을 받아들이는 방법을 바꾸면 질병에 걸릴 가능성이 극적으로 바뀔 수 있다.

1) 스트레스 접근방식에 따른 전략

(1) 정서조절 전략

스트레스를 다루기 위해 여러 방략을 이용할 수 있다. 정서조절 전략은 평가 중심적, 문제 중심적, 정서 중심적으로 나누어 볼 수 있다. 정서조절 전략은 스트레스로 인한 부정적 정서를 줄이기 위한 시도인 대처전략과는 다른데 정서조절은 긍정적 감정을 불러오기 위해 무언가를 하는 것도 포함된다. 이러한 전략은 유연성을 가지고 상황과 맥락에 따라 적절하게 사용할 수록 효과적이다(Kalat & Shiota, 2007).

▫ 평가 중심적 대처전략

평가 중심적 대처전략은 상황의 의미를 규정하거나 재구성하는 평가 지향적 행동으로 상대적이면서도 주관적인 개인의 사고가 야기하는 스트레스의 부정적 영향을 줄이려는 노력이다. 스트레스는 객관적인 과정을 따라 전개되기 보다는 주관적인 지각에 의해 좌우되는 심리적 과정이다. 상황을 어떻게 받아들이는지에 따라 스트레스가 유발되거나 혹은 심화되기도 한다는 점에 착안하여 스트레스를 정확히 평가하여 대처하려는 노력이다.

＊방어적 왜곡

방어적 왜곡은 문제를 평가 절하하거나 무시함으로써 문제를 더 악화시키고 심각하게 만든다. 따라서 방어적 자기기만을 최소화하기 위해서는 스트레스 해소과정에서 방어기제가 존재하고 사용된다는 사실을 인정하는 것이 필요하다.

＊부정적 자기－대화 감소

Ellis(1913~2007)에 의해 고안된 합리적 정서행동 치료(Rational Emotive Behavior Therapy)는 주로 내담자가 상황을 평가하는 방식을 변화시키는 데 초점을 두고 부정적 자기－대화를 감소시키는 접근법이다. 이 접근법은 사건에 대한 부정적인 정서 반응은 사건 그 자체에 의해서가 아니라 사건에 대한 부정적 해석에 의해 야기된다고 보고, 이러한 부정적 해석 과정을 변화시킴으로써 스트레스에 대처하는 방략이다. 사람들은 불운한 사건을 객관적으로 보지 않고 비합리적으로 과장되게 생각하여 사소한 좌절경험도 '재앙'으로 여기는 경우가 있다. 이러한 생각들은 사람들이 가지고 있는 비합리적인 가정에서 비롯되는데, 이런 신념들은 스트레스를 유발할 수 있는 비합리적 생각이다.

□ 문제 중심적 대처전략

문제 중심적 대처전략은 개인이 가능한 범위에서 상황을 좀 더 좋게 바꿀 수 있도록 노력하는 것이다. 문제 중심적 대처를 사용하는 사람들은 정보 추구 및 긍정적 행동 취하기와 같은 능동적으로 문제 해결을 위한 시도를 한다. 문제 중심적 대처는 주로 환경에 초점을 두는 객관적인 분석 과정이다. 이러한 대처 전략은 스트레스를 유발하는 요인이 통제 가능한 경우에 효과적이다. 예를 들면 개인이 감당할 수 있을 만한, 혹은 집단적 노력으로 해결이 가능한 문제 상황일 경우 문제 중심적 대처 전략이 효과적일 수 있다. 특히 업무로 인해 스트레스를 받을 때 적용해 볼 수 있는 방법은 다음과 같다.

＊업무 재설계

업무로 인한 스트레스가 극심할 때 적용 가능한 대처 방략 중 하나는 업무를 재설계하는 것이다. 조직의 업무는 조직의 특성에 따라 상당한 시행착오를 통하여 구체화된 것이기 때문에 수시로 조정되기 어렵지만, 조직원들의 능력과 기호에 맞게 직무가 설계되고 근무여건이 조정될 경우 조직의 효율성과 조직원의 만족도가 향상되고 자연적으로 스트레스를 덜 받게 될 것이다.

＊책임과 역할의 명확화

구성원 개개인의 책임과 역할을 분명하게 규정하고 이에 따른 구분과 평가 등을 명확하게 하는 것이 스트레스를 관리하고 해소할 수 있는 방략이다. 상급자의 지시내용에서 하급자의 책임과 역할이 불명확할수록 해당 업무로 인한 스트레스가 증가한다.

＊사회적 지원

사회적 지원은 조직 내·외부의 인간관계를 최대한 활용하여 조직구성원의 적응력을 높이고 스트레스 해소를 위한 채널을 다양화시켜주는 것이다. 다시 말해 사회적 지원은 개인이 필요로 하는 정서적, 정보적, 평가적 및 도구적 지원을 통해 스트레스에 의한 개인의 심리적, 신체적 손상을 약화시키는 방법이다.

□ 정서 중심적 대처전략

정서 중심적 대처는 정서적으로 일정 정도의 부담을 주는 어떤 문제나 상황을 성공적으로 다루기 위해 나타내는 사람들의 생각이나 행위이다. 정서 중심적 대처는 평가중심이나 문제 중심적 전략이 성공적이지 못한 경우나 통제가 불가능한 스트레스에 대처해야 하는 경우에 효과적이다. 정서 중심적 대처는 주로 스트레스에 대해 반응하는 개인의 내적인 특징에 초점을 두며 정서의 발산, 주의 분산, 이완, 명상 등을 통해 고통스런 정서를 조절할 수 있게 한다.

*억눌린 정서의 발산

억눌린 정서는 성숙되고 사회적으로 받아들여지는 형태로 발산될 필요가 있다. 화를 내야 하는 경우 말로써 그 화를 발산하여 푸는 것이 바람직할 수 있다. 화를 차분하고 합리적인 방식으로 표현하는 '자기 주장하기'가 있다. 사회적으로 수용될 수 있는 방식으로 해결할 수 있는 좋은 방법 중 하나는 기꺼이 들어주는 누군가를 찾아내는 것이다. 낙담하고 슬플 때 우는 것도 가치 있다.

*주의 분산

주의 분산은 다른 일을 생각하거나 다른 활동을 함으로써 자신의 주의를 분산시키는 대처전략이다. 별다른 생각 없이 시청할 수 있는 액션영화를 보거나 친구들과 테니스를 치는 것 등을 예로 들 수 있다. 주의 분산은 타인을 공격하거나 부정적 자기－대화의 막다른 상황에 처하거나 또는 방어적 대처로서 현실을 지나치게 왜곡하는 것에서 벗어나 좀 더 적응적으로 스트레스에 대처할 수 있게 해 준다.

2) 스트레스 구성에 따른 대처전략

스트레스 대처 전략을 신체관리, 심리관리, 상황관리로 구분하여 살펴보면 다음과 같다.

(1) 신체중심 대처전략

□ 호흡법

긴장한 사람들이 나타내는 특징 중 하나는 호흡이 얕은 것으로 만성 스트레스로 인한 자율신경계가 실조된 경우이다. 자율 신경계란 자기의지로 통제할 수 없는 신경계통이지만, 유일하게 의식적으로 컨트롤할 수 있는 것이 호흡이다. 그러므로 긴장으로 인해 얕아진 호흡을 자신의 의지로 천천히 깊게 조절하는 것이 자율신경계를 조절하는 것으로 이어져 긴장을 완화시킬 수 있다.

□ 이완치료

신체근육을 의식적으로 이완하여 긴장을 감소시키는 방법으로 규칙적인 이완은 스트레스 증상을 감소시킬 수 있다. 이완은 직접적으로 증상을 감소시킴으로써 대처능력을 향상시키고, 스트레스 관련 질병의 발병을 감소시킬 수 있다. 구체적으로 스트레스와 관련된 심장혈관 질환을 앓는 환자의 경우 이완이 심장질환을 초래하는 고혈압을 감소시킨 것으로 나타났다. 이완치료는 한 번에 하나의 특정 근육집단을 이완하는 것 혹은 따뜻한 것이 신체에 흐르는 것을 상상하거나 느긋한 상황에 관해 생각하게 한다. 명상, 최면, 요가와 기도는 이완치료의 특정요소를 공유하는데 이러한 행동들은 모두 근육긴장, 대뇌 활성화, 심박률, 호흡률, 혈압이 감소되는 이완반응을 이끈다.

이완은 다양한 방법을 통해 심신을 이완시킴으로써 정서적인 혼란을 억제하고 통제하는 방법이다. Benson(1990)은 이완반응을 촉진시키는 데 도움이 되는 네 가지 요인을 제시하였다. 첫째, 이완반응을 유도하기 위하여 조용한 환경이 필요하다. 둘째, 반복적인 암송소리와 같이 동일한 자극에 주의를 집중하는 정신적 책략을 사용한다. 셋째, 주의분산은 어쩔 수 없다는 여유 있는 태도를 가진다. 넷째, 신체의 적당한 편안을 유지하는 것이다.

□ 운동

스트레스 반응이 근육운동을 준비하는 것이므로 실제 운동을 하게 되면 긴장이 줄어 든다. 규칙적인 운동은 심리적 안녕감을 증진시키고 건강을 유지하게 하는 효과가 있으므로 하루 30분 정도 중등도의 강도로 운동하는 것이 만성질환의 위험을 감소시킨다. 운동은 대사 및 심장혈관질환의 위험도를 낮추고 기분을 좋게 만들기 때문에 신경증적이지 않고, 외향적이며, 긍정적 성격을 강화하고 다양한 정신적 스트레스에 대한 반응을 둔화시킨다. 하지만 운동은 정말로 하고 싶어서 해야 스트레스가 감소하게 되는데, 규칙적 · 지속적(일주일 몇 번, 최소 30분)으로 하는 것이 바람직하며 너무 무리하면 오히려 해로울 수 있다.

□ 바이오피드백

신체 기능에 관한 정보를 얻고 신체 기능을 통제하기 위해 외적 모니터링 도구를 사용하는 바이오피드백(biofeedback)은 이완을 위해 개발되었다. 바이오피드백은 스트레스로 인해 초래되는 건강문제를 개선하는 데 사용되는 마술과 같은 기법은 아니지만, 이완 효과를 일으키는 데 유용하다(Moss, McGrady, Davies, & Wickramaseker, 2002).

(2) 심리중심 대처전략

□ 감정처리능력의 개발을 통한 자기조절

- 감정을 느끼고 자신이 스트레스를 겪고 있다는 것을 아는 능력
- 감정을 효과적으로 표출해서 자신의 욕구를 적절하게 주장하고 건강한 정서적 경계를 유지하는 능력
- 현재의 상황에 알맞은 심리적 반응과 과거의 잔재를 나타내는 심리적 반응을 구분하는 능력
- 충족되지 못한 무의식적 욕구가 아닌 지금 당장의 욕구와 일치시키기
- 인정받을 목적으로 억압하는 것이 아니라, 반드시 충족시켜야 할 필요가 있는 자신의 진정한 욕구를 인식하는 능력

□ 합리적 대처

합리적 대처는 스트레스 자극에 직면하고 이를 극복하기 위해 노력하는 것으로 억압적 대처와 상반된다. 스트레스 원의 장기적인 부정적 영향을 감소시키기 위해 자극을 회피하기보다 그것에 맞서 합리적으로 대처하는 것이다. 합리적 대처는 세 가지 단계로 구성된다.

- 수용: 스트레스 원이 존재하고 당분간 없어지지 않을 것이라는 것을

인식하는 단계

- 노출: 스트레스 원에 주의를 주고, 그것을 생각하고 찾아내려 하기
- 이해: 스트레스 원이 자신의 삶에 어떤 의미를 가지는가를 발견하려고 노력하기

외상이 특히 강렬한 경우 합리적 대처가 어려울 수 있다. 자신들에게 일어났던 일에 직면하고 그것에 관해 생각해 보도록 지연된 노출기법을 사용한 경우 외상 후 스트레스 증상이 감소되었다(Foa, Dancu, Hembree, Jaycox, Meadows, & Street, 1999).

□ 억압적 대처

억압적 대처는 스트레스 사건을 상기시키는 상황이나 생각을 회피하고 인위적으로 긍정적 입장을 유지하는 것이다. 주로 자신의 삶이 매우 행복하고 자신은 거짓말을 하지 않으며 슬프거나 두려운 사건들을 기억할 수 없다고 보고하는 경향이 있다. 억압적 대처를 하는 사람들은 문제들을 교묘하게 무시한다. 스트레스 상황을 피하기 위해 특정 장소를 가지 않거나 스트레스 경험을 떠올리게 하는 유사한 사람을 회피하는 것이다. 스트레스가 심한 경우에는 고통스러운 생각이나 스트레스 상황을 회피하는 것이 바람직하게 보이지만, 이러한 전략을 장기간 사용할 경우 일상생활의 폭이 좁아져 어려움을 초래할 수 있다.

□ 재구성

사고방식을 변화시키는 것이 스트레스를 야기하는 생각에 대처하는 방법일 수 있다. 재구성이란 스트레스 원의 위협을 감소시킬 수 있는 새롭거나 창의적인 방법을 찾아내는 전략을 사용하는 것이다. 새롭게 창의적이거나 긍정적으로 생각하게 함으로써 스트레스 사건에 대처하게 하는 것으로 스트레스 사건에 대해 생각하거나 글쓰기를 통해 재구성이 자발적으로 일어나고 이를 통해 스트레스가 감소되는 것으로 나타났다. 글쓰기를 통한 자기노출

이 면역기능을 향상시키고, 정서를 억압한 경우 면역기능이 약화되었다는 연구가 있다(Petrie, Booth, & Pennebaker, 1998).

□ 사고중재

의미 있는 사고방식을 통한 균형 잡힌 시각으로 사고를 중재한다. 스트레스에 대한 두려움을 줄이고 스트레스를 다룰 수 있다고 믿으며, 인생을 살아가기 위한 자원으로 스트레스를 활용한다. 효과적인 사고중재방법은 다음과 같다.

1. 새로운 관점 배우기
2. 새로운 사고방식을 받아들이고 적용하도록 고무하는 연습하기
3. 다른 사람과 그 생각을 공유하는 기회 만들기

□ 명상

명상은 비분석적 방법으로 주의를 집중하는 지속적인 시도이다. 하루 15~30분 씩 반복적이고 지속적으로 명상훈련을 하는 것은 스트레스 해소와 정신건강에 큰 도움을 준다. 명상은 알아차림을 촉진시키고, 침착함을 잃어버리지 않도록 하면서 자신의 생각이나 감정을 바꿀 수 있는 힘을 기르는 훈련이다. 명상을 통해 스트레스에 자동적으로 반응(reaction)하기보다 자각적인 관여로 반응(response) 할 수 있도록 돕는 것이다. 이런 연습을 통해 무자각적인 반응에서 자각적인 관여로 이동하면 스트레스에 반응하는 힘을 감소시킬 수 있다. 이러한 알아차림을 통해서 자신의 감정을 솔직하게 느끼고 의식하여 받아들이게 되면 스트레스 반응이 감소되어 순간순간의 무자각적인 행동 대신 다른 방법을 준비할 수 있게 한다. 또한 자각적인 반응은 공포와 불안, 고통과 같은 감정이 그 순간에 존재한다는 것을 명료하게 알아차리게 하여 그 감정의 강도를 약하게 하고 감정을 다룰 수 있게 돕는다.

명상을 통해 자기의 존재감각에 깊숙이 들어가면, 고통과의 관계가 변하게 된다. 고통에 대한 자기의 생각과 감정, 신체 느낌, 신체 자체를 자신과 동

일시하지 않고 신체 자체가 내가 아니라면 신체의 고통도 나의 것이 아니라는 것을 알아차리고 고통을 받아들일 여유가 생기며, 고통과 함께 살아갈 나름의 방법을 개발하는 것이 가능해진다.

자기 자신의 마음을 관찰하는 것은 자신의 심리가 어떤 식으로 만들어지는지 볼 수 있는 통찰을 획득하고, 책임감을 갖게 하므로 습관적인 반응과 행동의 한계를 알게 하고 벗어날 수 있도록 도와준다. 이처럼 명상을 통해 자신의 다양한 감각과 감정, 생각들을 그대로 지켜볼 수 있게 되어 집착에서 벗어나 알아차림이 직접 체험되지만, 사고나 판단하지 않고 그것이 지나가도록 지도해야 하므로 숙련된 지도자의 지도가 중요하다.

□ 이미지 치료

몸의 암세포에 대한 면역력을 높인 자신의 면역세포들이 암세포와 싸워 암의 근원을 제거한다는 이미지 떠올리기와 같이 스트레스에 대한 대처를 구체적으로 마음속으로 그리거나 그림으로 그리기가 있다.

□ 유머

유머가 불쾌한 상황과 나쁜 기분을 흩뜨려주고, 스트레스 사건을 경험한 후 진정되는 데 시간을 단축시키고 스트레스를 완화시킨다. 단기적으로는 유머가 어려움을 극복하는 데 효과적이기는 하지만 장기적으로는 효과적인 스트레스 치료법이 아닌 것으로 나타났다.

□ 연민과 감사

자연과의 교감, 문화생활을 통해 인간애를 증진시키고 인간의 공통적인 속성에 대한 이해와 연민을 갖는다. 이를 통해 스트레스에 대한 자동적 반응을 완화시키고, 성장의 계기로 받아들일 수 있다.

(3) 상황중심 대처전략

상황중심 대처는 스트레스가 우리 마음과 신체에 주는 영향을 감소시키기 위해 상황을 변화시키는 것이다.

□ 사회적 지지

다른 사람들과 상호작용을 통해 도움을 받는 것이다. 일반적으로 친구 및 가족과 좋은 관계를 유지하고 사회적 활동과 종교 모임에 참여하는 것이 운동을 하고 금연을 하는 것만큼 건강에 유익하다.

- 친밀한 파트너는 운동을 하는 것과 의사의 지시에 따르는 것을 기억하도록 도와주고 더 건강한 식생활을 할 수 있도록 돕는다.
- 자신의 문제를 친구와 가족에게 얘기하는 것은 전문적인 심리치료를 무료로 받는 것과 같은 이점이 있다.
- 과제를 공유하고 어려울 때 서로 도와주는 것이 작업량을 감소시키고 서로의 생에서 경험하는 걱정을 덜어준다.

사회적 지지가 스트레스에 대한 보호적 역할을 하는 것이 여성과 남성에서 다르게 나타났는데, 여성은 스트레스 상황시 지지를 추구하지만, 남성들은 투쟁 혹은 도피 반응을 취하는 것으로 나타났다. 즉 스트레스에 대해 여성들은 다른 사람들을 돌보고 돕는 것으로 또한 옥시토신 호르몬 분비를 통해 사회적 반응, 사회적 접촉을 추구하고 유지하는 경향을 촉진시킨다(Taylor, 2002).

* 스트레스 접종훈련(Stress Inoculation Training: SIT)

사람들이 스트레스 상황을 긍정적으로 생각하게 함으로써 스트레스 상황에 대처하도록 도움을 제공하는 것이다. 이 접근 방법은 스트레스 사건으로 말미암아 정서적 혼란을 경험하는 동안에는 스트레스 사건에 관한 부정적 해석을 바꾸는 것이 매우 어렵지만, 미리 적절하게 준비하면 효과적으로 재구성된 사고를 할 수 있다고 제시한다.

3) 나에게 맞는 대처법은?[5)]

스트레스에 대한 대처는 마음 · 신체 · 상황에 영향을 미치는 전략이 요구된다. 아래와 같이 이완반응을 촉진하는 기술을 규칙적으로 연습하여 평안함을 찾을 수 있으며 이 기법들이 특히 도움이 되는 경우와 적당하지 않은 경우를 고려할 수 있다.

방법	내용	도움이 되는 대상	적당하지 않은 대상
호흡법	천천히 깊은 호흡에 집중하여 산만한 생각과 감각에서 마음을 부드럽게 풀기	섭식장애나 위 긴장이 있는 경우, 건강한 방법으로 신체에 집중하는데 도움됨	호흡기 질환, 심부전과 같이 호흡이 어려운 건강 문제가 있는 경우, 불안과 공황장애가 있는 경우
바디 스캔	몸의 한 부분 혹은 근육에 집중하고 신체적 긴장을 정신적으로 이완하기	몸과 마음의 연결에 대한 자각을 증진시키기 위한 경우	바디 이미지에 영향을 주는 최근의 수술 혹은 바디 이미지에 대한 어려움이 있는 경우
안내된 이미지	이완하고 집중하기 위해 즐거운 정신적 이미지를 사용하기	자신에 대한 긍정적 비젼이나 달성하고자 하는 목표를 강화하고 싶을 때	상상하기를 곤란하게 하는 침투적 사고를 가진 경우, 시각화에 어려움이 있는 경우
마음챙김 명상	명상하는 동안 일어나는 생각과 감각에 의도적으로 초점을 둔 순간에 머무르면서 깊게 호흡하기	분주한 생각들이 다른 형태의 명상을 어렵게 하는 경우	필요한 시간에 마치기 어려운 경우
요가, 태극권, 기공	일련의 자세 혹은 흐르는 움직임과 리듬적인 호흡을 결합한 고대 기예	마음이 분주할 때, 안정되고 집중하기 어려운 경우, 유연성과 균형을 향상시키고 싶을 때	활동적이지 않거나 건강 문제가 있거나 이러한 활동을 하는 것이 고통스럽고 어려운 경우, 시작하기 전에 의사와 상의할 것
반복적으로 기도하기	호흡집중을 향상시키기 위해 기도문구나 짧은 기도 사용하기	종교나 영성이 의미 있는 경우	종교적이지 않은 경우

5) A Harvard Medical School Special Health Report

급격히 변화하는 현대 사회에서 점점 더 고립된 생활을 하는 현대인은 스트레스로 가득한 삶을 살아가고 있다. Lazarus(1922~2002)의 개인-환경 모델(person-environment model)에 의하면 개인은 스트레스를 주는 사건을 '도전' 혹은 '위협'으로 평가할 수 있고 문제를 도전으로 평가할 때 스트레스는 유능감과 학습하기 위한 능력을 증대시킨다. 하지만 문제를 위협적으로 바라본다면 스트레스는 무기력감과 상실감을 초래할 수 있다. 그러므로 스트레스에 대한 정확하고 올바른 이해와 적절한 반응, 사회적 자원의 활용을 통한 효과적 대처로 스트레스를 도전과 성장의 기회로 삼거나 부정적 스트레스의 영향을 줄일 수 있을 것이다. 이러한 노력을 통해 스트레스로 인한 많은 질병과 심리적 소진을 극복하고 극심한 경우 위기에 처하는 안타까운 결과를 예방할 수 있고, 나아가 건강하고 평안한 안녕감을 누릴 수 있도록 도울 것이다.

10. 스트레스 회복력 강화하기

흔히 '우리의 삶은 고해다'라는 말을 자주 하는데 고통을 스트레스라는 단어로 바꿔보면 인생은 스트레스의 바다라고 말할 수 있다. 잔잔한 바다는 노련한 항해사를 만들지 않는다는 말처럼 우리 삶의 스트레스는 고통을 주기는 하지만, 우리의 성장과 잠재력을 실현시키기 위해 꼭 필요한 것인지도 모른다. 괴롭고 힘든 것으로 간주하는 스트레스에 대한 일반적인 우리의 생각(mind-set)이 스트레스가 사람들에게 미치는 효과에 어떤 영향을 미칠까? 최근 연구에서는 스트레스를 경험하면 더 영리해지고 더 강인해지며 더 큰 성공을 거두기도 한다는 것을 보여주고 우리가 깨달음을 얻고 성장하는 데 도움을 주며, 용기를 북돋아주고, 동정심을 불러일으키기도 한다(McGonigal, 2015)는 것을 보여준다. 고통스러운 상황에서도 인간은 희망을 찾고 선택을 내리며 의미를 만들어 내는 능력을 가지고 있다. 이러한 관점에서는 스트레스가 우리 삶에 미치는 가장 보편적인 효과에 힘과 성장 그리고 회복력을 포함한다.

스트레스를 통해 성장할 용기를 발견하기 위해서는 좋은 결과가 고통에서 비롯될 수 있다고 믿음이 있어야 한다. 스트레스를 받는 동안 성장할 수 있는 인간의 타고난 능력을 인정하는 태도를 갖는 것이 중요하다. 역경의 고통을 의미로 전환시킬 수 있는 능력을 신뢰하는 것이다. 또한 과거의 힘든 경험들이 현재의 위기를 잘 헤쳐 나가도록 도와주는 자원이라는 관점을 갖는 것도 스트레스를 통한 회복력의 획득에 도움이 된다(McGonigal, 2015).

생활하면서 삶의 크고 작은 스트레스가 우리의 사망위험을 증가시키고, 정신적 · 신체적 질환을 일으킬 가능성을 높이기도 하지만 삶에 대한 목적의식을 가지고 고통을 통해 의미를 찾거나 좋은 점을 보려고 하는 경우 우리는 성장할 수 있다. 스트레스를 통해 자신감을 얻고, 수행능력을 강화하며, 심지어 이타주의를 발달시킬 수 있다. 이처럼 스트레스가 전적으로 해로운 것이라고 여긴다면 스트레스를 받을 때 스스로 해결할 능력이 없다고 생각하거나 혼자서 고립되어 고통을 느끼고 자신의 어려움에서 의미를 발견하기 어렵겠지만, 스트레스를 포용하면 자신감과 용기, 유대감을 통해 의미를 찾을 수 있게 된다. 다시 말하면 스트레스를 통해 성장하기를 선택한다면 스트레스는 더 이상 우리에게 고통을 주는 경험이 아닐 가능성이 높아진다.

1) 심리적 탄력성(Resilicnce)

사람들은 사는 동안 적어도 한두 번은 잠재적으로 외상적 사건(PTE: Potentially Traumatic Event)을 경험할 수 있다. 어떤 사람들은 일상적인 소소한 일들에 압도당하는 반면 어떤 사람들은 험난한 시련에도 긍정적으로 반응하는 것처럼 사람들이 인생사건에 어떻게 반응하고 그 결과 외상이 일어났는지를 탄력성을 통해 알아볼 수 있다(Bonanno & Mancini, 2008).

스스로를 보호하고 어려움을 극복해내는 건강한 태도는 상황이 좋아져서 생긴 결과가 아니라 상황을 개선시킨 원인에 의해 생긴 회복능력일 수 있다. 안정된 사회 · 경제적 위치에 의존해 얻어지는 편안한 인간관계의 유지보다 삶의 어려움과 성공적으로 싸워온 사람들이 가진 회복력이 스트레스의 부정적 영향에 보호요인이 될 수 있음을 확인하기도 하였다.

(1) 탄력성의 정의

탄력성의 어원은 라틴어 'resilre'로 옥스퍼드 사전을 보면 "힘든 상황에서 견디거나 빠르게 회복할 수 있는"이란 의미이다. 용어의 기원을 살펴보면 과학, 수학에서 파생된 것으로 물리학에서 고강력과 낮은 탄성으로 긴장한 물체가 변형된 뒤에 크기와 형태를 복원할 수 있는 능력을 말한다. 이러한 탄력성 개념을 인간에게 적용할 때 수많은 정의가 제시되는데 대표적인 정의는 다음과 같다(Fletcher & Sarker, 2013).

"부적응적 결과로 가져올 환경적 위험에 대한 개인의 반응을 조절하고, 개선하거나 변경하는 보호 요인들(Rutter, 1987)"

"도전적이고 위협적인 환경에도 불구하고 성공적인 적응의 과정, 능력, 결과(Masten, Best, & Garmezy, 1990)"

"의미 있는 역경의 맥락 속에서 긍정적 적응을 포함하는 역동적 과정(Luthar et al., 2000)"

"적응이나 발달에 대한 심각한 위협에도 불구하고 좋은 결과로 특징지어지는 현상들(Masten, 2001)"

"역경에 직면해서 살아남을 수 있게 하는 개인적 자질(Connor & Davidson, 2003)"

"가까운 관계의 사망, 폭력적이거나 생명을 위협하는 상황과 같은 고립되고 잠재적으로 매우 파괴적인 사건에서 생성 경험과 긍정적 정서뿐만 아니라 신체적 기능을 건강한 수준으로 유지하는 성인의 능력(Bonanno, 2004)"

"행동 경향의 복합적인 레파토리(Agaibi & Wilson, 2005)"

"중요한 변화, 역경, 혹은 위험에 성공적으로 대처할 수 있는 개인의 능력(Lee & Cranford, 2008)"

"중요한 역경에서 개인의 안정성이나 빠른 회복(심지어는 성장)(Leipold & Greve, 2009)"

---

(2) 탄력성의 효과

탄력성의 정의는 역경과 긍정적 적응이라는 두 개의 핵심 개념을 바탕으로 한다. 역경의 성공적인 극복은 개인을 연약하게 만들기보다는 담금질(steel)하며 스트레스 수준의 증가는 탄력성을 증가시킬 기회와 연결된다(Pellegrini, 1990; Kobasa, 1979). 지능이나 기질과 같은 선천적 경향이 강한 보호요인과 달리 학습과정을 통해 개발될 수 있는 보호기제인 대처 스타일이나 자신이 경험하는 것을 스스로 설명하는 스타일에 따라 역경을 성공적으로 다룰 수 있고 심지어는 개인의 삶의 터닝 포인트가 될 수 있다(Rutter, 1990; Lenard & Burns, 1999). 탄력성 관련 요인들은 개인의 스트레스 자극에 대한 평가, 정서를 느끼는 반응으로 자신의 메타 인지, 대처전략의 선택과 같은 여러 단계의 스트레스 과정에 영향을 준다.

□ 인지적 강인성(cognitive hardiness)

Kobasa(1979)는 높은 수준의 스트레스임에도 신체적 질환에 시달리지 않고 심리적 안정을 보이는 탄력적인 사람들의 적응적 행동을 기술하기 위해 인지적 강인성이란 용어를 사용하면서 인지적으로 강인한 사람들의 특징을 다음과 같이 크게 세 가지로 설명하였다.

첫째, 자신에게 일어나는 사건들을 통제(control)할 수 있다는 믿음을 가지고 있다.

둘째, 활동이나 대인관계, 자신에 관여(commitment)하면서 그 속에서 자신의 독특한 가치, 목표, 삶의 우선순위를 인식한다.

셋째, 자신에게 일어나는 변화를 위협적으로 여기기보다 도전(challenge)으로 받아들이며 이를 위해서는 인지적 유연성이 요구된다.

이러한 특징을 갖는 인지적 강인성은 스트레스로 인한 신체적 · 심리적으로 부정적 영향을 직접 · 간접적으로 감소시키고 동시에 적절한 대처행동이 수반된다면 매우 효과적으로 작용하는 것으로 나타났다(Beasley, Thomson, & Davidson, 2003). 통제할 수 있는 부분에 대해서 우리가 책임을 진다는 것은 예측 불가능하고 통제 불가능한 것에 보다 잘 대처하게 된다는 의미도 된다.

예) 로리 매킬로이(US 오픈 골프 최저타 기록 선수)

… 나에게 충분히 많은 기회가 있다는 것을 안다. 오늘 일어난 일은 매우 실망스럽지만 이번 일이 동시에 나를 조금 더 성장시킬 것으로 기대한다.

(마스터즈 골프의 우승 실패 후 인터뷰)

탄력성은 사건이 어떻게 평가되는가에 영향을 미치지만 대처는 스트레스를 평가한 뒤에 다루는 전략을 의미한다. 탄력성이 잠재적인 스트레스 상황에 긍정적으로 반응할 전조(긍정적 정서의 경험)를 보이지만 반응적 대처 전략의 특성은 긍정적이거나 부정적일 수 있다. 이와 같이 Lazarus와 Folkman (1984)은 대처란 효능이나 내재된 가치와 상관없이 부과된 요구를 다루기 위한 모든 노력으로 반드시 좋은 결과와 동일하지는 않다고 설명하였다.

□ **전환–관철 대처양식**(shifting–persisting)

전환이란 스트레스 수용과 스트레스 근원에 대한 사고방식의 변화가 복합된 것으로 "나는 어떤 상황에서 배울 수 있는 것들 또는 그 상황에서 비롯되는 고무적인 것에 대해 생각한다."라는 진술에 동의하는 정도로 측정될 수 있다. 관철이란 역경에 직면했을 때조차 의미를 추구하기 위해 필요한 낙천주의를 유지하는 것으로 "나는 장차 상황이 좋아질 것이라고 생각한다.", "내 인생에 목적의식이 있는 것 같다."라고 여기는 것이다. 이처럼 전환–관철 양식은 스트레스에서 의미를 발견하며 스트레스를 통해 배우고 성장할 줄 아는 자신의 능력을 믿는 사람들에게 해당하는 것으로서 역경을 자원으로 전환시켜 성장하기를 선택하는 사고방식으로 대처한다.

□ 플라시보 효과

'55%의 원칙'이라고도 불리는데 이는 임상실험에서 플라시보 효과를 본 환자들의 숫자가 일관되게 55%였다는 보고에서 비롯된다. 플라시보 효과는 단순히 물질에 우선하는 상상의 문제로 여기지만 생각이나 감정에 의해 유발된 생리적 현상이다. 플라시보 효과는 증상을 완화시키거나 치유력을 촉진시키는 데 도움을 주는 신체 내부의 신경학적, 화학적 과정이 활성화되는 현상으로 볼 수 있다(Mate, 2015).

환자 자신들의 정신과 신체가 스스로 치유할 수 있으며 가짜 약이 그 과정을 촉발시킬 거라는 설명을 듣고 복용한 환자들의 증상이 완화된 최근의 연구를 통해 속임수가 플라시보 효과의 주효한 원인이기 보다는 사고방식 중재의 효과로 볼 수 있다. 최신 의료기술이나 기적의 신약만큼이나 환자의 치유력을 북돋아주는 일도 중요하다(McGonigal, 2015).

□ 사고방식 효과(Mind-Set Effect)

플라시보 효과가 구체적인 결과에 단기간 영향을 미치는 데 비해 사고방식 효과는 오랜 기간 폭넓게 영향을 미친다. 마음가짐과 행동방식, 감정에 선입견을 심어 주는 인생철학을 반영하는 믿음으로 개인의 선호도나 학습된 사실이나 지적인 견해를 초월하는 것이다. 특정의 경험을 해석해 어떤 결정을 내리는 방식으로 사고방식이 적용되면 삶에 대한 대응방식도 다양하게 나타난다. 이러한 사고방식은 한 개인의 건강과 행복과 같은 장기적인 결과에 영향을 미친다. 긍정적인 사고방식은 우리의 목표와 선택을 좌우하게 되고 이를 통해 현재의 경험을 변화시키고, 미래에도 영향을 미치게 된다. 스트레스에 대한 사고방식은 우리의 건강과 행복 그리고 성공에 영향을 미치는 핵심믿음으로 스트레스 상황에서 느끼는 감정에서부터 스트레스 사건에 대응하는 방식에까지 영향을 미친다. 사고방식을 실천하기 위해서는 우선 스트레스 경험을 의식하고 스트레스를 자신이 관심을 두는 문제에 반응을 보이는 것이라고 인정하는 것이다. 즉, 스트레스 이면에 있는 그 문제가 자신에게 왜 중요한지 생각해보고 스트레스가 주는 에너지를 활용하는 것이다

(McGonigal, 2015).

□ 외상 후 성장(Post-Traumatic Growth)

외상 후 성장은 외상사건으로 인해 아무 손상을 입지 않은 채 역경에서 회복된 것을 말하는 것이 아니다. 성장과 손상을 모두 경험하는 것으로 대체로 외상 사건 후 다른 사람들에게 친밀감과 공감을 더 많이 느낄 수 있게 되고, 생각보다 자신이 스스로 강하다는 사실을 발견하기도 하고 자신의 인생에서 가치 있는 것들을 전보다 더 잘 알게 되며, 새로운 인생경로를 확립하게 되기도 한다. 외상 후 스트레스 장애가 외상 후 성장의 엔진이 되어 긍정적인 변화를 일으키는 심리작용을 점화시킨다. 하지만 모든 외상 사건이 반드시 성장으로 이어지거나 고통에 본질적으로 좋은 점이 있다고 주장하는 것이 아니다. 고통에서 좋은 점이 조금이라도 생긴다면 그 성장의 원천은 우리 내부에 존재한다는 것이다. 우리 내부의 힘, 가치관, 역경에 대응하기로 선택한 방식에 의해서도 우리는 고통 속에서도 성장할 수 있다.

이와 같이 이전에는 부정적 삶의 환경이 긍정적 적응을 방해하는 것으로 간주하였으나, 최근의 연구결과에서는 역경의 이력을 가진 사람들이 더 나은 정신건강과 안녕감을 갖는 것으로 나타났다. 적당한 역경에 노출되는 것은 이전에 개발되지 않은 개인의 자원을 활성화하고, 사회적 지지 네트워크에 속하도록 도우며, 장래 역경을 더 잘 다룰 수 있도록 한다(Seery, Holamn & Silver, 2010).

□ 장점 찾기(Benefit-Finding)

어려운 상황에 대처하면서 동시에 좋은 점을 알아차릴 줄 아는 능력으로 지금 어떤 고통이 존재하든 그것을 현실적으로 인정하면서 어려운 상황의 장점을 발견하는 것이다. 긍정적인 면을 본다고 해서 어려운 상황이 해결되지는 않지만, 괴로움과 희망사이에서 균형을 잡는 데 도움이 되고 사람들의 대처능력을 향상시킨다. 고통에서 장점 찾기는 고통의 긍정적인 면만 보려는 것이 아니라, 반대의 관점을 동시에 볼 수 있도록 연습하는 것이므로 고통스런 경험을 부정하지 않으면서 그 상황에 대처하는 자신의 장점에 집중하기를 선택하는 것이다.

11. 스트레스와 치유

신체건강뿐만 아니라 정신건강 역시 단순히 병이 없는 상태가 아니라 궁극적으로 이루어내야 할 이상적 상태로 여기고 적극적으로 변화시키려는 의지와 능력이 요구된다. 스트레스와 역경을 잘 다루는 사람들의 특징은 자신을 받아들이고 인정하는 능력, 타인과의 긍정적 관계, 자율성, 자신의 주관에 따라 삶을 조절할 수 있는 능력, 행복한 환경을 선택하고 창출할 수 있는 능력, 삶의 목적 여부, 개인적 성장에 대한 열망 등이다. 이들은 목표를 설정하고 추구하며, 가능성을 실현하려 애쓰고, 타인과의 깊은 관계를 경험하며, 주변의 요구와 기회를 관리하고, 자기 주도적이며 긍정적 자존감을 가진 사람들이다(McEween & Lasley, 2002).

사람들이 온전한 모습과 건강을 갖출 수 있는 잠재적 가능성은 우리 모두가 가지고 있으며, 질병을 내면의 부조화가 표출된 것으로 인식하고 정직한 태도로 연민을 가지고 밝은 눈으로 자신의 내면을 들여다보는 것이 중요하다. 건강한 상태로 돌아가기 위해서는 강박적인 낙관주의를 탈피하여 불안을 직면하고 균형부재의 원인인 스트레스를 확인하는 것이다. 스트레스 받는 생활방식을 자기가 '선택'한 것이라 믿고, 자신의 활동을 즐긴다고 해도 자율의지가 사용된 것은 아니다. 다시 말하면 심리적인 불편감을 회피하기 위한 '긍정적인' 심리상태는 질병 저항력을 감소시키고 단순히 긍정적 생각, 극기심, 몽상 등을 통해 불안감을 회피할수록 개인이 경험하는 스트레스는 더 많은 영향을 미치고 위험해진다. 그러므로 스트레스에서 해방되려면 어린 시절의 믿음에 근거한 자신의 선택이 자신의 욕구를 주장하지 못하게 하는 고통스러운 현실이 영향을 주었을 수 있다는 것을 인정해야 한다. 왜냐하면 상처가 제대로 인지되고 보살펴지지 않으면 미래의 고통과 손상이 생겨날 수 있는 잠재적 요소로 남을 수 있기 때문이다.

부정적으로 생각하고 있다는 것을 알게 되면 결핍으로 인해 생겨난 자신의 감정을 과소평가하는 태도를 그만 둘 수 있다. 죄책감은 자신을 위해 어떤 일을 선택했다는 신호로 죄책감을 받아들일 수 있다. 즉, 자기주장을 펴고 거절하는 일이 죄책감과 분노를 경험하게 한다면 차라리 죄책감을 선택하는 것이 개인의 정신건강을 위해 바람직하다(Mate, 2015).

-자신의 내면에 있는 진실에 따라 삶을 살고 있는가?
-다른 사람의 기대를 충족시키기 위해 살고 있는가?

1) 치유를 위한 7가지 요소(Mate, 2015)

□ 수용(Acceptance)

현재의 괴로운 상황을 기꺼이 받아들이는 태도로 괴로운 상황이 무엇이든 그 상황이 지속되어도 체념하지 않는 것이다. 현재의 정확한 상황을 부인하는 태도를 거부하는 것이다. 대신에 우리가 온전한 존재가 될 만큼 충분히 가치 있는 사람도 못 되고, 충분히 '훌륭한' 사람도 될 수 없다는 신념에 도전을 한다. 자신에 대한 동정어린 호기심으로 다른 사람에게 베풀고 싶어 하는 것과 같은 무비판적인 태도로 자신을 바라보는 것이다.

□ 인식(Awareness)

잃어버린 감정을 인식하는 능력을 되찾는 것으로 우리 신체 내에 어떤 스트레스 신호들이 존재하는지를 알아차리는 것이다. 우리 내면 상태에 끊임없이 관심을 기울이며 내면에서 감지된 내용을 신뢰하는 법을 배워야 한다. 심장 두근거림 · 피로감 · 발한 · 잦은 배뇨 · 두통 · 요통 · 설사 · 입 마름과 같은 신체적 신호, 긴장 · 과잉 경계심 · 불안감 · 삶의 활력상실 같은 정서적 신호 · 충동적 행동 · 분노 폭발 · 과잉 반응과 같은 행동적 양상들을 극복해야 할 문제로 보기보다 알아차리고 경계해야 할 메시지로 읽는 것을 배운다.

□ 화(Anger)

화를 억압하는 것이 생리적 스트레스를 증가시켜서 질병의 위험요인일 수 있지만 화를 적절하게 경험하는 것은 치유를 촉진하거나 생존을 연장시킨다. 화를 억압하는 것, 화를 무절제한 외부 행동으로 과잉 표출하는 것은 둘 다 비정상적인 감정방출로 이렇게 상반된 것처럼 보이는 대처 양식이 번갈아 가며 나타날 수도 있다. 이러한 억압과 분노표출은 진정한 의미의 화 경험에 대한 두려움을 나타내는 것이다. 건강한 화는 생리적으로 경험되는 것으로 이완으로 대처하면서 몰아치는 힘이 전신을 통해 쇄도해 모든 불안이 완벽히 사라지는 것이다. 분노폭발이나 억압은 불안에 대한 방어수단으로 다른 사람에 대해 공격적인 감정을 경험하게 되면 높은 불안감과 죄의식을 느끼게 된다.

진정한 화는 과잉행동을 필요로 하지 않고 인지적인 가치를 갖는다. 화를 느낀다는 것은 대인관계에서 비롯된 결핍에 대한 반응, 또는 결핍의 위협에 대한 반응, 심리적 경계에 대한 침해, 침해위협에 대한 반응일 수 있다. 그러므로 자신의 화 경험을 허락하고 무엇이 그 화를 유발했는지 숙고한다면 상황에 따라서 화를 내보이거나 놓아버릴 수 있다. 즉, 화 경험을 억압하기보다 통제된 상태에서 내가 선택할 수 있는 건강한 화는 우리 자신을 존재하게 한다. 화는 자신을 위해 당당히 '내가 중요하다'라고 말하라고 자연이 준 에너지로 타인의 경계를 침해하지 않고 존중하는 것이다.

□ 자율(Autonomy)

사람들은 자신의 경계가 모호해질 때 고통을 겪게 된다. 자신과 부모 사이에 명확한 경계 설정이 되어 있지 않으면 아이는 속박관계에서 헤어나지 못하고 미래의 대인관계에도 영향을 미친다. 사람들과의 관계에서 자멸적으로 권위에 반발하거나 만성적이고 강박적으로 타인을 돌보는 형대로 상호작용하게 되고 이러한 형태는 질병을 일으키게 된다. 개인의 경계는 자신과 타인을 분명하게 경험하는 것으로 눈에 보이지 않지만 내가 누구인지를 정의하는 의식적이며 내면적인 인식이다. 자신에게 내 인생과 대인관계에서 나는 무엇을 욕망하고 무엇을 더 원하고 덜 원하는지 무엇을 원하지 않는지 내게 정해진 한계는 무엇인지를 묻는 것이 경계의 형성과정이다. 이러한 자아의 정의를 통해 우리가 가치 있게 여기는 것이 무엇인지, 특정 시점에서 원하는 것이 무엇인지를 규정하게 하는 내면의 관제소를 발달시키게 하는 것이 바로 자율성이다.

□ 애착(Attachment)

애착은 세상과 우리의 연결이다. 아동기의 애착관계를 통해 진솔한 자세를 유지하고 자신을 보살피고, 건강을 유지할 수 있는 능력을 얻거나 잃는다. 모든 화의 이면에는 친밀한 접촉에 대한 좌절된 욕구를 경험하기보다 쓰라린 고통과 분노를 느끼는 것이 더 낫다고 여기는 것이 내재되어 있다. 감정적 취약성을 두려워하기보다 서로 연결되고 싶어 하는 보편적인 인간의 욕구를 존중하고 허락하여 연결을 추구하는 일은 치유의 필수 사항이다.

□ 주장(Assertion)

주장은 자신과 세상에 대해 우리가 존재한다고, 바로 지금의 모습이 우리의 존재라고 선언하는 것으로 행동이라는 제한된 자율보다 개인의 내력과 능력, 세상 사람들의 생각과 상관없이 자신의 가치를 평가하는 일이다. 많은 사람들이 두려움으로 인해 행동하지 않으면 공허감과 적막감을 느끼면서 현실과 소망, 진정한 삶과 행동, 의미와 성취를 잘못 동일시한다. 주장은 행동이나 반응을 요구하는 것이 아니라 존재 자체를 의미하는 것으로 하고 싶지 않은 일을 거부하는 좁은 의미에서 나아가 행동 욕구자체를 아예 놓아버린다는 의미에서 행동의 정반대일 수 있다.

□ 확인(Affirmation)

확인을 통해 우리는 적극적인 진술을 하고 뭔가 가치 있는 일을 지향하게 된다. 우리 자신의 창조적 자아를 발견하고 그 충동을 존중해야 우리의 신체와 영혼이 생명력을 얻게 된다. 또한 우주와 우리가 연결되어 있다는 확인을 통해 자신이 단절되어 있고 고독하고 접촉하지 않는 존재라는 착각에서 벗어나야 한다. 건강은 몸과 마음 그리고 영적인 연결이라는 세 가지 요소의 영향을 받고 만약 어느 한 가지라도 소홀하게 되면 불균형과 질병을 초래할 수 있다.

12. 스트레스에서 자유롭기(Ford & Wortmann, 2012)

1) 뇌 활용하기

스트레스를 예방한다는 것은 스트레스가 끊임없이 넘쳐나는 복잡한 현대인의 삶에서 부적절해 보인다. 오히려 Ford와 Wortmann(2012)은 적극적이고 긍정적 방식으로 뇌 지식을 활용하여 스트레스를 유용한 정보로 받아들여서 긍정적 영향으로 전환하는데 도움이 되는 바람직한 전략을 소개하고 있다. 스트레스가 우리의 삶을 어렵게 할 때 어떻게 해야 할까? 뇌를 자유롭게 하면 된다. 우리의 뇌가 단순히 장기적이고 불필요한 스트레스 반응에 사로 잡혀서 우리가 꼼짝 못하고 있을 때, 자유로워지는 것을 도와주는 것은 의도적으로 초점을 맞추는 것을 통해 뇌를 효율적으로 사용하도록 하는 것이다.

지금까지 스트레스 자극을 알려주는 경보기에서 오는 메시지를 무시하거나 침묵하려고 애쓰던 일상적 오류에서 벗어나 오히려 스트레스 반응을 유용한 정보로 활용하여 우리 마음과 몸이 중요한 것에 초점을 맞추도록 뇌를 사용하는 것이다. 뇌의 기억과 사고 중추를 이용하여 경보기를 제자리로 되돌려 놓음으로써 삶을 통제할 수 있고 궁극적으로 삶을 가치 있게 하는 평온함과 자신감을 회복할 수 있다.

□ 결정의 이중 시스템

- 시스템 I: 직관적 시스템(intuitive system)으로 빠르고 자동적이며 힘들이지 않는 내재적이며 정서적인 시스템. LeDoux(1996)의 낮은 경로와 유사함.
- 시스템 II: 추론 시스템(reasoning system)으로 느리고 의식적이며 노력을 들여야 하는 외재적이고 논리적인 시스템. LeDoux의 높은 경로와 유사함.

인간의 결정과 관련된 내재적 · 외재적 경로를 구분하기 위한 이중 시스템은 주어진 선택이나 결정을 하는 데 적용된다. 추론경로는 직관적 경로의 판단을 통해 향상될 수 있고 더 좋은 결정을 내릴 수 있지만 압력이나 스트레스를 받거나 추론경로의 기능이 과부하 되면 직관경로는 전례를 따라 결정하게 된다. 실제 생활에서 스트레스 문제를 성공적으로 다루기 위해서는 두 개의 다른 시스템에서 나온 정보를 적절히 활용하는 것이 중요하다(Stanovich & West, 2000).

(1) 생존 뇌와 사고 뇌

생존 뇌는 선천적인 보호 장치로 경계를 통해 생명을 위협하는 사건에 대해 신체가 잇따라 생물학적 반응을 하도록 자극한다. 정서의 근원인 편도체는 화재경보기와 같은 기능을 해서 주의를 촉구하고 주의가 필요할 때 마음을 집중하도록 상기시킨다. 경보수준은 평소에는 알아차리지 못할 정도로 은근하지만 위험에 직면했을 때는 고도의 경계상태로 전환된다.

경보기의 문제는 위기가 지나가고 문제가 해결되었을 때도 경보기가 생존모드에 머물 수 있고 생존의 위협과 일상적인 사건사이의 차이를 구별하지 못한다는 것이다. 스트레스의 장기간 누적, 외상 사고, 폭력, 학대와 같은 극단적인 스트레스를 경험한 후 경보기는 과민해지고 인간관계, 생활의 주요 영역에서 해를 끼칠 수 있는 과잉반응을 초래할 수 있다.

경보기가 신체에 일으키는 감각을 이해하면 뇌의 경보가 활성화된 때와

중지된 때를 알아차릴 수 있다. 뇌가 골칫거리를 감지하면 경보기는 신경계를 통해 신체가 다음과 같이 우리를 보호하도록 준비시킨다.

- 긴장이 증가한다.
- 심박 수가 올라간다.
- 마음이 동요하거나 기쁨에 매우 들뜬다.
- 땀을 흘린다.
- 호흡이 가빠진다.
- 떨린다.

싸움 혹은 도망 반응(Flight or Fight Reaction)과 달리 동결 스트레스 반응(Freeze stress reaction)은 동요 · 불안 · 분노를 느끼게 하는 아드레날린 쇄도를 경험하기보다 탈진을 느끼고 너무 지쳐서 대항하거나 도피할 수 없게 한다. 일시정지는 상황을 살펴 볼 수 있게 하는 면에서는 적응적일 수 있지만, 완전 정지(shutting down)는 무너져버리는 것처럼 느껴져 도망가거나 방어할 수 없게 된다. 겉으로 나타나는 반응양상이 이렇게 상이하게 나타날 수 있다는 것을 알아차리고 그것을 스스로 인식할 때가 무엇인가를 할 수 있을 때이다.

경보기의 역할은 학습 뇌를 깨워 초점을 유지하거나 다시 맞추도록 신호를 보내는 것이다. 반성적 사고가 필요함을 알려주기 위해 울리는 경종으로 극심한 스트레스(이상적, 만성적) 사건에 대한 반응은 매우 신속하고, 빈번하고 강력하다. 또한 사리를 따지거나 논쟁할 수 없으므로(어린아이 같음) 안심시키고, 달래고, 원하는 것을 주어야 한다. "힘 내.", "너무 걱정하지 마.", "철 좀 들자."라는 말은 스트레스를 더 일으킬 수 있고 문제가 해결되거나 제거될 수 없을지라도 그것을 다룰 수 있다는 것을 알게 될 때만 스트레스 관련 물질의 방출을 멈춘다.

일반적으로 경보기의 메시지를 심각하게 받아들이기보다 경보기를 멈추거나 둔감화하기 위해 다음과 같은 반응을 할 수 있고, 이러한 반응들이 실제 문제보다 더 문제가 되는 것처럼 보일 수 있다.

- 경보를 부정 한다: 어떤 것도 잘못되지 않았고 과잉반응을 멈춰야 한다.
- 술, 약물, 음식, 쇼핑, 섹스, 과로와 같은 자가 처방으로 반응한다.
- 자신과 주변사람을 비난한다: "모두 내 잘못이다.", "모두 그들의 잘못이다."

우리가 원하는 삶을 살기 위해 가장 필요한 것은 주의초점의 방향을 정하는 능력이다. 초점을 맞추는 것이 중요하다는 것을 알려주는 경보기의 메시지를 통해 원하는 삶의 방식으로 방향을 돌리는 것을 학습할 수 있다. 위험을 감지하고 통제감을 경험할 때 경보를 낮출 수 있는 강력한 내적 자원을 얻을 수 있고 평온과 자신감을 느낄 수 있게 해 주는 학습 뇌를 활용할 수 있다. 학습 뇌는 삶을 의미 있게 만드는 것을 생각하므로 의도적으로 가장 중요한 것에 초점을 맞추어 경보기에 주의를 기울여 만족시키고, 스스로 멈추게 한다. 해마는 좋은 선택을 위해 과거의 경험에서 학습한 것을 기억하려 하는 과정에서 코티졸 수준이 상승하면 해마도 과부하에 걸릴 수 있다. 하지만 가족, 교사, 치료자로부터 학습 뇌를 빌릴 수 있고 이 선천적 역량을 활용하기 위한 노력과 의도가 필요하다.

□ 초점 맞추기 실험

스트레스 통제란 어떻게 무엇에 초점을 맞추려고 선택하는가이다(가장 중요한 것에 마음의 초점을 맞추기).

– 스트레스 수준 올리기

당신의 모든 돈이 없어졌다고 상상하기. 더 나쁜 것은 도와 줄 가족이나 친구가 없이 혼자이고 아무 것도 갖고 있지 않다고 생각하며 1초 동안 머물러 있기(스트레스 수준 체크하기)

– 스트레스 수준 내리기

가장 사랑하는 사람, 가장 편안하게 느끼는 사람을 생각하기. 당신을 만나 행복하고 들떠 있는 그 사람의 얼굴을 상상하기(스트레스 수준 체크하기)

– 스트레스 수준 다시 올리기

그 사람이 사고가 나서 목숨이 위험하고 사망할 가능성이 높아서 다시는 볼 수 없을 수도 있다고 상상하기

– 몸과 마음에서 일어나는 생각과 느낌에 집중해보기

제대로 생각하기조차 힘들고 분명히 생각하는 것이 얼마나 어려운가?

– 스트레스 수준 다시 내리기

사랑하는 사람과 함께 하기를 떠올리기. 좋아하는 어떤 것, 같이 저녁식사하기에 좋은 곳, 당신을 웃게 해 준 그 사람이 하는 작은 일을 떠올리기

▫ 나의 삶에서 무엇이 중요한가?

– 정서(사랑, 신뢰, 확신 등)
– 사고(자신의 기본적 가치 등)
– 목표(가치에 따라 성취하려는 목표)
– 선택(논쟁과 방어가 아닌 공감과 존중하기)

초점 맞추기는 매일 온종일 전념하여 결정, 헌신, 반복연습을 통해 학습되고 계발될 수 있다.

▫ 초점 맞추기 공식연습(SOS)

자신의 삶에서 중요한 한 가지에 주의를 기울이기로 선택하는 것으로 SOS를 통해 경보기의 메시지를 분명하게 생각하고 행동하는 것에 주의를 쏟고, 어떤 도전이라도 처리할 준비가 되었다는 것을 확신시켜 준다.

이것은 스트레스가 아주 낮거나 없는 순간에 집중적으로 연습하고 적용한 다음에 높은 스트레스 수준에서 활용하는 것이 좋다. 정신적 비타민처럼 매일 정기적으로 연습해서 마음을 더 강하게 하고 신체에 대한 자각을 증가시킬 수 있다.

– Step back(한 걸음 물러서기)

자동반응을 자기조절로 만들기 위해 현재 순간으로 되돌아오는 것으로 현재 있는 곳의 주변과 몸과 마음에서 일어나고 있는 일에 주의를 쏟는 것이다. 경보기와 사고중추를 연결시킨다.

예) 멈추기, 늦추기, 지우기, 심호흡하기, 바라보기, 숫자세기

– Orient(한 생각에 초점 두기)

이 순간에 희망을 주고 삶을 가치 있게 만드는 생각이나 기억하기로 선택하여 통제하고 있음을 알림(가족, 꿈꾸는 장소, 신념, 목표 등). 삶에 목적과 자신감을 제공하는 과정을 감상하는 것. 사고 중추를 활성화시키고 경보 수준 낮추기

예) 이미지 상상, 단어, 구 기억, 목표, 꿈

– Self–check(자체 검사)

몸의 계기판 읽기, 스트레스 수준과 통제수준을 스스로 체크하고 심적 메모하기

스트레스 수준 확인하기

스트레스가 없고 가장 좋은 기분을 느낌				확실하고 관리 가능한 스트레스			가장 최악의 스트레스		
1	2	3	4	5	6	7	8	9	10

1, 2는 밤새 잠을 잘 자서 휴식을 취했을 때의 느낌, 10은 다룰 수 없을

정도는 아니지만 심각한 상황을 인식하고 바로 처리하기 위해 준비해야 하는 상황

개인적 통제수준 확인하기

낮은 통제				어느 정도의 개인적 통제			높은 개인적 통제		
생각 없이 반응하기				반응 전에 먼저 생각하기			매우 분명하게 생각하기		
1	2	3	4	5	6	7	8	9	10

1은 스트레스를 받는다고 느껴서 생각 없이 반응할 때이고 9나 10은 뇌의 경보기에서 오는 걱정, 분노, 공포, 의심 때문에 방해받지 않고 분명하게 생각할 수 있는 상태임.

스트레스와 개인통제수준을 평정하는 것은 뇌의 사고중추와 기억중추를 점화시키는 것이다. SOS를 규칙적으로 실천하여 우리는 우리 자신이 누구인지를 알 수 있다. 경보기의 신호를 통해 그것이 내가 원하는 것은 물론 필요한 것에도 주의를 기울여야 한다는 것을 알게 된다. 안정된 정체성을 가지는 것과 우리 자신에 대해 나쁘게 느끼는 것 사이의 차이는 자신을 자극하는 상황에서조차도 자신이 정말로 필요로 하는 것을 확인하는 데 충분한 시간을 쓰는 것이다.

스트레스의 반대는 완전한 이완 혹은 수면이 아니라 통제를 하고 있다는 적극적인 느낌이다. 개인적 통제는 고요함과 유쾌한 활력을 느끼는 것으로 분명하게 생각할 수 있는 능력이다. 이를 통해 우리는 삶이 우리에게 던지는 문제를 효과적으로 다룰 수 있도록 생각할 수 있다. 하지만 경보가 감지되면 개인적 통제감이 급격히 떨어지고 이것은 두려움, 충동, 절망 등을 초래한다.

스트레스 수준을 측정함으로써 우리는 언제 스트레스가 너무 높은지 또는 낮은지를 알아차릴 수 있다. 이러한 측정을 통해 경보기가 보내는 조기 신호를 알아차리고 주의가 필요할 수 있는 잠재적 근원에 대해 생각할 기회로 삼을 수 있다. 인간관계에서 스트레스 수준을 인식함으로써 악순환적인 상호작용을 방지할 수 있으며 높은 수준의 자각을 통해 스트레스를 감소시킬

수 있다. 또한 개인적 통제 수준을 확인함으로써 지금 이 순간 좋은 선택을 하고 당면한 도전을 잘 다룰 수 있을 정도로 분명하게 생각할 수 있다는 자신감을 가질 수 있다. 이렇게 분명하게 생각하는 것은 스트레스 해독제로서 믿음직한 자신감을 주는 것이다.

□ 뇌 활용을 위한 사용자 지침서: FREEDOM

– 초점 맞추기(Focusing)

초점 맞추기를 통해 SOS를 실천한다.

– 자극 인식하기(Recognize Triggers)

어떤 순간에 무엇이 경보기를 작동시키는가를 정확히 깨닫기 위해 사고중추를 활용한다. 자극에 주의를 기울이면 그것을 다루는 방법을 더 분명하게 생각할 수 있다.

– 정서역량 강화하기(Empower your emotion)

정서에 주의를 기울이게 되면 삶의 어떤 부분에 준비가 필요한지를 알아차림으로써 역량을 강화할 수 있다. 스트레스 반응이 막 시작되려고 하거나 막 시작될 때의 정서를 자각하게 되면 사고중추의 역량을 강화하여 무엇을 할 것인지 계획을 세울 수 있도록 돕는다. 그러므로 정서를 무시하거나 차단할 때 경보기는 요구수준을 더 높이거나 더 많은 양의 주의를 원하기 때문에 더 큰 문제가 될 수 있다.

무엇이 당신이 느끼는 최상의 정서인가? 최상의 정서를 자각할 수 있다면 개인적 통제 수준이 증가한다. 경험하기를 원하는 정서로 방향을 잡는 연습이 필요하다.

* 정서의 심적 표제

경보기가 안전을 지키기 위해 당신에게 원하는 행위

- 공포: 당신은 위험하다.
- 불안: 어떤 것이 잘못될 수 있다.
- 슬픔: 당신에게 중요한 물건이나 사람이 사라진다.
- 죄책감: 당신은 뭔가 잘못했다. 그것을 찾아서 고쳐라.
- 난처함: 당신은 자신의 기준에 맞지 않다.
- 수치심: 당신은 기본적인 신념이나 가치를 위반하고 있다.
  자신에게 진실해져라.
- 분노: 당신이나 당신이 좋아하는 다른 사람에게 해가 되고 있다.
  당신 자신을 보호하라.
- 좌절: 고쳐야만 할 것이 고쳐지지 않고 있다.

– 핵심가치를 발휘하라(Exercise your core values)

핵심가치는 우리가 가장 중요하다고 믿는 것이다. 핵심가치에 관해 분명하게 생각하는 것은 우리가 살아가는 이곳을 진정으로 더 좋은 세상으로 만들어 주는 것이다. 우리는 삶 전체를 통해서 우리에게 가장 중요한 경험이 무엇인지 되돌아봄으로써, 또 우리가 간직하고 살아야 할 의미가 무엇인지에 관해 주의를 돌림으로써 핵심가치를 발견한다. 진정한 개인적 통제를 줄 수 있는 것은 바로 당신이 자신의 지침이 되는 사고를 선택할 때이다. 긍정적 생각은 단순히 소망이나 막연한 희망이 아닌 핵심가치의 내용과 일치할 때만 효과가 있다. 최상의 시고는 삶을 가치 있게 하고 삶에서 소중하게 생각하는 것이다. 목록을 만들어 핵심가치를 찾거나 포기할 수 없는 것이 무엇인지 생각해보기.

– 최상의 목표를 결정하라(Determine your optimal goals)

우리 자신의 삶에서 성취감을 느끼기 위해 필요한 것이다. 자신이 소중하다고 생각하는 삶을 이루기 위해 자신이 추구하는 희망과 꿈으로 마음의 중심을 잡게 한다. 최상의 목표는 우리가 온전히 경험하기를 원하는 것과 가치 있는 사람으로 살도록 하는 것에 초점을 유지하게 한다. 동시에 최상의 목표를 통해 우리의 삶을 조직화할 수 있게 하며 잠재력을 성취할 수 있게 한다. 우리의 목표는 곧 우리의 정체성이기에 최상의 목표를 달성하기 위한 노력은 우리가 어떤 스트레스를 경험하더라도 맞서 견디게 할 수 있다.

경보기의 목표와 최상의 목표의 차이는 '~로부터의 자유'와 '~할 자유'의 차이이다. 우리가 진정한 가치를 추구할 때 진정으로 자유로워질 수 있다. 단순히 고통의 회피를 넘어서 즐거움을 찾는 방식으로 넘어갈 수 있다. 원하는 것이 아닌 필요한 것으로 초점을 맞추게 되면 최상의 목표를 명확하게 할 수 있다.

– 선택을 최적화하기(Optimize your choice)

선택은 매 순간마다 인생을 살아가는 과정을 결정하는 인간의 자유이다. 경보는 위기에 대처할 수 있는 가장 좋은 방안이지만 실제로 선택하는 것은 아니다. 그러므로 경보기가 울리고 선택이 명령으로 대체된다면 통제할 수 없는 일처럼 느껴지게 마련이다. 그러나 경보기와 사고중추, 기억중추가 협동할 때 선택이 가능하다. 진정으로 자기 자신이 되고 싶은 사람은 멈출 순간을 선택하고 자신이 학습하고 싶은 것에 초점을 맞춘다. 최상의 선택을 위해서는 우리에게 신중하게 생각하도록 요구하고 평정심은 우리가 우리 자신에게 가장 중요한 것에 초점을 맞추는 상황을 숙고하게 한다. 우리는 경보기에 의한 생존욕구의 반응과 우리 삶에 좀 더 큰 의미를 주는 선택을 구분하기 위해 끊임없이 반성을 해야 한다. 자신의 정체성을 명확하게 해서 학습뇌가 최상의 정보에 접근하게 하는 것이 스트레스를 감소시키고 능력을 향상시키는 방법인 동시에 개인적 통제의 정수라고 할 수 있다.

– 기여하기(Making a contribution)

우리가 최상의 선택을 통해 세상과 주변사람의 삶에 가장 중요한 기여를 하는 것이다. 초점을 맞춤으로써 모든 사람의 스트레스 수준을 낮추고 자신의 개인적 통제를 증가시키는 것이다. 자신의 경보기를 관리하고 사고중추를 활성화함으로써 기존 사람과의 관계를 강화하고 직장이나 삶터에서 더 강한 공동체를 형성할 수 있다. 이를 통한 이익은 개인적으로 알고 있는 사람의 범위를 넘어 알지 못하는 사람에까지 확대될 수 있다. 자신의 경보기에 귀를 기울이고 분명하게 생각하도록 학습 뇌를 사용하는 것은 기회이자 의무이다. 그렇게 하지 않으면 주변 사람들에게 미치는 부정적 영향을 피할 수 없다. 자신을 사랑하는 사람들에게 그들의 경보수준을 낮추고 행복하게 살도록 만들어주는 것이 바로 이 세상에서 당신이 존재하는 이유이다. 우리는 자신의 경보기를 제자리로 돌림으로써 최선의 도움을 줄 수 있다. 다시 말해서 그들의 경보기가 우리의 경보기를 작동시키고 있다고 할지라도, 그들에게 귀를 기울이는 것과 그들을 가치 있게 여기는 것에 초점을 맞춤으로써 우리 자신의 경보수준을 낮춘다. 진정으로 온화함을 표현하고 상대가 느끼는 것에 주의를 기울이는 것만으로도 충분하다. 우리를 가장 행복하고 자신 있게 하는 것은 다른 사람이 우리에게 기대하는 것을 바탕으로 하는 것이 아니라, 우리 자신을 흥분시키고 향상시킬 수 있는 일을 하려고 노력할 때 찾게 된다.

스트레스는 갑자기 오기도 하고 또 어떤 때는 서서히 나타나기도 한다. 스트레스가 어떻게 발생하는가를 알아차리는 것은 자신의 반응에 대한 자각을 높여 삶을 피상적이 아니라 실제로 경험할 수 있게 한다. 우리 몸과 뇌의 선천적 보호 장치는 우리를 안전하게 깨어 있도록 하기 위해 시시각각 생물학적인 신호를 보낸다. 그러므로 생물체로서 인간에게 살아있는 한 스트레스를 경험하는 것은 불가피하고 스트레스를 무시하려 해도 결국은 효과가 없다는 것을 알게 된다.

2) 10분 활용법

▫ 10분 일찍 시작하기

10분 일찍 출근하거나 회의시간 10분 전에 도착해 있으면, 그 10분은 매우 넉넉하고 긴 시간으로 느껴질 것이고 마음의 여유를 가지기에 충분할 것이다. 정신적으로 업무를 준비하는 과정을 일상적인 습관으로 만든다. 매일 같은 시간에 같은 순서로 오늘 또는 10분 후에 해야 할 일이 무엇인지 검토한다.

□ 혼자만의 조용한 시간을 갖기

타인에게 방해받지 않는 혼자만의 장소를 찾아 잠시 시간을 내보자. 차분한 음악으로 긴장을 완화시키는 것도 좋은 방법이다.

□ 현재에 몰입하기

지나간 일을 후회하거나 앞으로의 일을 미리 걱정하지 말고, 현재의 감정과 생각에 집중하면 차분한 마음으로 업무에 임할 수 있다.

□ 오늘 할 일의 중요성을 생각하기

내가 하는 일의 의미를 찾지 못한다면 그 일을 금방 포기하고 싶어진다. 해야 할 일의 의미를 발견하면 그 일을 계속할 수 있다.

□ 미래를 위한 비전을 되새기기

매일 자신이 가진 목표와 미래의 모습을 생각하면서 현재를 뛰어 넘으려는 의지를 다져보라. 위험을 감수하고 꿈을 향해 나아가는 상상을 하라.

□ 진실과 마주하기

자신의 약점에 솔직해지는 자세도 중요하다. 현재 모습과 미래 목표를 비교하면 고쳐야 할 부분과 노력이 필요한 지점을 찾을 수 있다.

□ 자기 암시를 통해 약점을 강점으로 바꾸기

자신의 약점과 상반되는 장점을 반복해서 스스로에게 암시를 걸자. 시간은 걸리지만 이러한 노력은 감정상의 변화를 가져온다.

□ 오늘 하루를 미리 상상하기

오늘의 업무를 머릿속으로 예행 연습하면서 일어날 수 있는 문제들을 예상해보자. 문제들을 해결하는 자신의 모습을 상상하는 것은 짧은 시간에도 큰 효과를 가져 온다.

□ 신체 훈련을 병행하라

감정과 믿음은 치료에서 중요한 요소이지만 신체적인 강화훈련이 동반되어야 한다.

3) 좋은 습관 만들기

일상의 생활습관들을 평소에 잘 형성해 두면 사소한 스트레스는 무난히 대처할 수 있는 힘을 가지게 되고, 이러한 경험들이 쌓이게 되면 다소 심각한 스트레스 상황에 처하게 되어도 위협적으로 느끼기 보다는 더욱 도전적으로 반응하고 적응적으로 대처할 수 있게 된다. 스트레스에 잘 대처한 성공경험은 더욱 선순환을 하면서 스트레스 대처에 대해 점점 더 자신감을 가지게 하고 자신의 경험을 확장시킬 수 있는 능력을 갖게 된다.

□ 수면습관

일정한 수면 리듬을 형성할 수 있도록 규칙적으로 자고 일어나는 습관을 갖는다.

- 일정한 시간에 자려고 노력하기
- 수면시간과 상관없이 같은 시간에 기상하기
  전날 늦게 잠자리에 들었어도 늦잠을 자지 않는다. 일주일 중 하루 이틀에 몰아서 늦게까지 잠을 자는 것은 휴식이 되기보다 수면 패턴을 교란하여 피로감을 가중시킨다.
- 자기 직전에는 격한 운동을 하지 않는 것이 편안한 수면에 도움이 된다.
- 텔레비전을 보다가 잠들지 않는다.
  늦게까지 텔레비전을 시청하다가 잠들게 되면, 충분한 수면시간을 확보하기 어렵고 잠드는 시간이 불규칙해져서 피곤이 쌓이고 아침에 일어나도 개운한 느낌을 갖기 어렵다.
- 자려고 마음먹은 시간 30분 전부터 수면에 들기 위한 자기만의 사전의식을 행한다. 예를 들면 이부자리를 반듯이 펴두고, 물을 조금 마시

고, 편안한 옷으로 갈아입고, 잠자리에 든다.
- 저녁에는 커피나 카페인이 든 음료를 마시지 않는다.
- 잠들기 직전에는 걱정거리 보다는 감사한 일을 떠올리며 부드럽고 편안한 마음을 가진다.

□ 운동습관

규칙적인 운동은 균형 잡힌 생활을 하는데 기여한다. 생활 속에서 운동하는 습관은 몸과 마음을 안정시키는 데 도움이 된다.

□ 식사습관

불규칙한 식사나 폭식은 비만이나 건강상의 문제는 물론 극심한 스트레스를 야기한다. 따라서 식사를 규칙적으로 하고 인스턴트 식품의 섭취를 줄이며, 폭식을 삼간다.

□ 가족을 생각하는 시간

가족은 정서적으로 안정을 주고 삶의 의미를 느끼게 하는 대상이다. 가족의 의미를 되새기고 소중함을 느낄 수 있도록 가족을 생각하는 시간을 갖자. 시간이나 요일을 정해 가족들과 전화를 하는 것도 한 방법이다.

□ 영적 생활 습관

종교를 가진 사람은 영적인 시간을 통해 영혼에 위안을 얻을 수 있다. 자신의 삶의 의미와 방향을 사색해 보며 자신을 성장시키자.

□ 업무 수행 습관

업무에 임하기 전에 효율적인 업무처리를 위한 자신만의 습관을 만들어 본다. 예를 들면 오늘 해야 할 일의 우선순위 목록을 만들거나, 책상과 서류 사물함을 정리하는 것이다.

□ 시간을 창의적으로 쓰는 습관

창의적인 일은 스트레스를 극복하는 원동력이 된다. 글쓰기, 음악듣기, 화단 가꾸기 등과 같은 너무 어렵지 않으면서도 창의적인 일들을 찾아보자.

□ 혼자만의 시간을 가지는 습관

다른 사람과 떨어져 혼자만의 시간을 갖는 것은 삶의 균형을 잡는 데 도움이 된다. 매일 한두 번씩 잠깐이라도 좋다. 혼자만의 시간은 자신에 대한 통제력을 향상시켜주고 긍정적인 감정을 가져다준다.

4) 긍정적인 마음가짐 가지기

□ 감사한 마음

우리가 누리고 있는 많은 것들이 사실은 우리가 별 다른 노력을 하지 않고 받은 것들이다. 타인의 수고와 노력으로 지금 우리가 조금 더 편하고 조금 더 안락한 생활을 하고 있는 것이다. 우리 자신이 지금 누리고 있는 것들이나 지금 만나는 사람들 속에서 감사할 일을 찾고 감사한 마음을 표현해 보자.

□ 친절을 베풀기

다른 사람에게 친절을 베푸는 것은 상대방을 위한 것이기도 하지만 결국은 우리 자신을 위한 행동이기도 하다. 친절을 베풀려고 하는 마음과 행동은 우리 자신의 기분을 좋아지게 한다. 다만 나의 친절에 대한 상대방의 반응에 대해서는 신경 쓰지 말아야 한다. 하루가 가기 전에 세 번의 친절을 베풀겠다고 결심해보자.

□ 다른 존재의 행복을 빌어주기

Hanson과 Mendious(2009)는 타인에 대한 호의와 친절을 결심하고 실행하기 위한 방법으로 다음과 같은 문구를 반복적으로 떠올리거나 노래하는 것을 제안한다.[6)]

---

6) Hanson & Mendious(2009). 붓다 브레인

그대가 세상과 그대의 마음속의 위험으로부터 안전하기를
그대의 몸이 건강하고 활력이 넘치기를
그대가 진정으로 평화롭기를
그대와 세상 모두가 서로 사랑하기를
그대가 안전하고 건강하고 행복하고 편안하기를

□ 좋은 경험을 음미하기

사소하지만 기분 좋은 일은 많다. 추운 겨울 아침에 자판기에서 달콤한 커피를 마실 때, 늦은 저녁 몹시 시장한데 좋아하는 라면을 먹게 되었을 때, 상점에서 누군가 내가 들어갈 수 있도록 문을 잡아 주었을 때 사소한 일이지만 기분이 좋아진다. 이때 그 경험을 그냥 흘려보내지 말고 잠시 그 경험을 음미한다. '아! 좋다.' 이러한 경험들은 근육을 이완시키고 스트레스를 풀어준다.

□ 좋은 경험을 마음에 쌓아두기

사람은 긍정적인 일보다는 부정적인 일을 좀 더 잘 기억한다. 자신이 잘했던 일이나 좋았던 경험보다는 잘못했던 일이나 억울한 일, 화나는 일을 좀 더 오래 기억하는 것이다. 이는 부정적인 일을 다시 생각해냄으로써 앞으로 있을지 모를 위험에 대처하거나 미리 대비하려는 시도로 볼 수도 있지만 부정적인 기억을 반복한다고 해도 어느 누구도 스트레스 없는 삶을 살 수는 없다. 따라서 좋은 경험을 하면 그것을 기억하고 담아 두려고 노력할 필요가 있다. 예를 들어, 오랜만에 친구와 통화하면서 무척 따뜻하고 즐겁게 느꼈다면, '아 좋다. 오래된 친구는 참 좋구나.'라고 생각한 후 그 느낌을 기억해 두려고 노력한다. 그렇게 좋은 경험들이 마음속에 쌓이게 한다.

□ 자기 안의 강인함을 느낀다.

자기 안의 강인함을 느끼고 이를 강화시켜나가는 방법이 있다. 눈을 감고 '나는 강하다.', '나는 강해져서 좋은 일을 할 것이다.', '나에게는 강해질

권리가 있다.' 등을 조용히 되새긴다. 숨을 크게 들이 마시고 몸의 활력을 느끼며 강인한 모습을 떠올린다.

□ 자신을 부당하게 괴롭히지 않는다.

Hanson과 Mendious(2009)는 통증은 피할 수 없지만 괴로움은 선택할 수 있다고 말한다. 살다보면 피할 수 없는 신체적, 정신적 고통을 겪게 된다. 예를 들어 오랫동안 사귀었던 여자 친구와 헤어지거나 어렵게 모은 돈을 한순간에 잃어버리기도 한다. 그런데 그런 일을 겪은 것만으로도 힘든데 우리는 자신을 비난함으로써 자신을 괴롭힌다. '나는 왜 이렇게 부족한 사람인가', '내가 왜 그랬을까' 생각하고 또 생각한다. 지나간 일은 지나가게 놔두고 현재 내가 할 일에 집중할 수 있다면 지나간 일로 자신을 부당하게 괴롭히는 일은 상당히 줄일 수 있을 것이다.

□ 자기 암시를 통해 변화하라

자신이 부정적으로 생각하는 것들을 반대로 바꿔 긍정적인 세뇌를 하자. 반복되는 말은 세뇌효과를 일으켜 우리의 뇌는 그 말에 따라 변화하려는 충동을 갖게 된다. 긍정적인 자기 암시를 반복하는 것이 그 방법이다.

- 부정적 생각을 더 현실적이고 적응적인 생각으로 대체하기
- 두려움을 완화하기

특정 사건 행동에 공포감을 가지고 자신의 능력을 제대로 발휘하지 못하는 경우, 공포를 통제하고 변화시키려는 노력이 필요하다. 우선 두려운 마음이 들 때 음악, 명상, 복식호흡 등 자신에게 맞는 긴장완화 방법을 찾아 정신적, 신체적으로 긴장을 푼다. 긴장이 충분히 완화되면 두려움의 대상과 연관된 이미지를 떠올리고 긴장과 공포감이 느껴지면 다시 긴장을 완화시키는 방법을 취한다. 긴장이 완화되면 문제와 연관된 이미지를 다시 떠올린다. 이를 1회에 15~20분간, 20~30회 정도 반복하면 두려움의 대상에 익숙해져서

극심한 스트레스 상황에서도 긴장을 풀 수 있다.

– 글쓰기를 통해 감정을 새롭게 하기

글쓰기는 심리적인 흥분을 가라앉혀주고 스트레스를 완화시켜준다. 부정적인 생각이 떠오를 때 그 마음을 글로 옮겨보자. 글을 쓰는 그 순간에는 기분이 나쁘고 고통스러울 것이다. 하지만 시간이 지나고 마음을 가라앉힌 후에 그 글을 긍정적인 방향으로 다시 써보면 스트레스 감소효과가 나타난다. 글쓰기를 꾸준히 하게 되면 자신의 갈등상황, 부정적 사건에 대해 충격을 덜 느끼게 되며 장기적으로는 건강이 증진되는 효과까지 기대할 수 있다.

– 감정을 예행연습하기

우리는 감정 연습을 통해 뇌를 훈련시킬 수 있다. 뇌는 감정을 말할 때와 감정에 반응할 때 같은 통로를 사용하므로 감정 예행연습을 하는 것은 실제 상황을 미리 연습하는 것과 같다. 이 연습은 부정적 상황에 처했을 때 우리가 더 침착하고 적절하게 대처할 수 있도록 도와준다. 언젠가 일어날 수 있는 일들과 긍정적 행동, 긍정적 감정, 긍정적 성과를 연결시켜 감정 연습을 한다.

– 정신 집중 연습하기

차분한 마음과 맑은 정신을 가지고 있다면 수행하는 일을 효과적으로 마무리할 확률이 높아진다. 정신을 집중하고 마음을 다스리기 위한 좋은 훈련 중 하나가 명상인데, 현재에 몰입하는 연습을 통해 긴장은 완화시킬 수 있다.

– 긍정적 사고를 연습하기

자신이 처한 상황이 부정적이라도 긍정적 사고는 충분히 할 수 있다. 문제 상황에 사로잡히지 말고 냉철한 현실분석을 통해 생산적인 해결법을 생각해본다. 같은 상황이라도 부정적인 사고를 하는지, 긍정적인 사고를 하는지에 따라 감정은 물론 일의 결과까지 달라진다.

참고문헌

국제 노동기구(Int'l Labor Organization).

권석만 (2003). 현대이상심리학. 서울: 학지사.

신응섭, 이재윤, 남기덕, 문양호, 김용주, 고재원 (2004). 리더십의 이론과 실제. 서울: 학지사.

안도 오사무 (2010). 심리치료와 불교, 인경스님. 이필원 역, 불광출판사.

통계청 (2012). 통계 자료 2012.

Agaibi, C. E., & Wilson, J. P. (2005). Trauma, PTSD, and resilience: A review of the literature. *Trauma, Violence and Abuse, 6,* 195－216.

Albrecht, K. (2010). *Stress and the Manager.* New York: Simon and Schuster.

Baqutayan, S. M. S. (2015). Stress and Coping Mechanism: A Historical Overview. *Mediterranean Journal of social Sciences,* Vo. 6. No. 2 S1.

Beasley, M., Thompson, T., & Davidson, J. (2003). Resilience in response to life stress: the effects of coping style and cognitive hardiness, *Personality and Individual Differences 34.*

Benjamin, L., & Walz, G. R. (1990). *Counseling students and faculty for stress management.* ASHE－ERIC Clearing house on Counselling and Personnel Services.

Benson, H. (1990). *The relaxation response.* New York: Harper Torch.

Benson, H., & Casey, A. (2013). *A Harvard Medical School Special Health Report: Stress Management.*

Blascovich, J., & Tomaka, J. (1996). The biopsychosocial model of arousal regulation. In M. P. Zanna (Ed). *Advances in experimental social psychology, vol. 28,* 1－51. San Diego, CA: Academic Press.

Block, J. H., & Block, J. (1980). Role of ego－control and ego－resiliency in the organization of behavior. In W. A. Collins (Ed.), *Development of cognition, affect, and social relations*, 39−101, Hillsdale, N. J.: L. Eribaum Associates.

Bolby, J. (1982). *Attachment*, New York: Basic Books.

Bonnano, G. A. (2004). Loss, trauma and human resilience: Have we underestimated the human capacity to thrive after extremely aversive events?. *American Psychologist, 59,* 20−28.

Bonnano, G. A., & Mancini, A. D. (2008). The human capacity to thrive in the face of potential trauma. *Pediatrics,* 121, 369−375.

Bowen, M., & Kerr, M. E. (1988). *Family evaluation: An Approach based on Bowen theory,* 89−111, New York: W. W. Norton & Company.

Buck, R. (1993). Emotional Communication, and Physical Illness, *A Developmental Interactionist View. 38.*

Cannon, W. B. (1929). *Bodily changes in pain, hunger, fear, and rage: An account of recent research into the function of emotional excitement*(2nd ed.). New York: Appleton−Centre−Crofts.

Cameron, H. A., & Mckay, R. D. G. (1999). Restoring production of hippocampal neurosis in old age, *Nature neuroscience,* 2 894−897.

Chain, M. N. (1984). A Study of the Relationship between Jungian Personality Dimensions and Conflict−Handling Behavior. *Human Relations*, 37(10), 863−879.

Cohen, S., Kamarck, T., & Mermelstein, R. (1983). A global measure of perceived stress. *Journal of Health and Social Behavior, 24(4),* 385−396.

Connor, K. M., & Davidson, J. R. T. (2003). Development of a new resilience scale: The Connor−Davidson resilience scale. *Depression and Anxiety, 18,* 76−82.

Cox, T. (1993). Stress research and stress management: Putting theory at work. *HSE Contract Research Report,* 25. London: HMCO.

Critelli, J. W., & Ee, J. S. (1996). Stress and physical illness: Development of an integrative model. In T. W. Miller(Ed.), *Theory and assessment of stressful life events,* 139−159. Madison, CT: International Universities Press.

Drossman, D. A. (2000). Effects of coping on health outcome among Women with Gastrointestinal Disorders, *Psychosomatic Medicine*, 62: 309－317.

Engel, G. L. (1977). The need for a new medical model A challenge for biomedicine. *Science, 196*, 129－136.

Fletcher, D., & Sarkar, M. (2013). Psychological resilience a review and critique of definitions, concepts, and theory. *European Psychologist, 18,(1)*, 12－23.

Foa, E. B., Dancu, C. V., Hembree, E. A., Jaycox, L. H., Meadows, E. A., & Street, G. P. (1999). A comparison of exposure therapy, stress inoculation training, and their combination for reducing post traumatic stress disorder in female assault victims. *Journal of Consulting & Clinical Psychology*, 67, 194－200.

Folkman, S., & Lazarus, R. S. (1980). An analysis of coping in middle aged community sample. *Journal of health and social behavior*, 21, 219－239.

Ford, J., & Wortmann, J. (2012). 내안의 골칫거리, 스트레스에서 자유롭기 (Hijacked by Your Brain: How to Free Yourself When Stress Takes Over). 정봉교, 정영덕, 김희영 역, 서울: 학지사.

Friedman, M., & Rosenman, R. H. (1974). *Type A behavior and your heart.* New York: Knopf.

Hanson, P. G. (1986). *The joy of stress.* Fairway KS. Andrew McMeel & Parker.

Hanson, R., & Mendious, R. (2009). 붓다 브레인. 장현갑, 장주영 역, 불광출판사.

Hofer, M. A. (1984). Relationships as Regulators: A Psychobiogic Perspective on Bereavement, *Psychosomatic Medicine*, 46, no. 3.

Horowitz, M. J. (1976). *Stress response syndromes.* New York: Aronson.

Holmes, T. H., & Rahe, R. H. (1967). The social readjustment ratins scale. *Journal of Psychosomatic Research,* 11, 213－18.

Jacobs, B. J. (2002). *The Influence of a Mindfulness－based stress reduction program on perceived quality of life.* Dissertation－Abstract－International, 62.

Jones, F., Bright, J., & Clow, A. (2001). *Stress: myth, theory, and research.* New York: Prentice Hall.

Kalat, J. W., & Shiota, M. N. (2007). 정서 심리학(Emotion, 1st eds.). 민경환. 이옥경. 김 지현. 김민희. 김수안 역, 서울: CENGAGE Learning.

Keltner, D., Kogan, A., Piff, P. K., & Sartina R. S. (2014). *The Sociocultural Appraisals, Values, and Emotions(save) Framework of Prosociality: Core Processes from Gene to Meme*. Annual Review of Psychology 65, 425－60.

Kobasa, S. C.(1979). Stressful life events, personality and health: an inquiry into hardiness. *Journal of personality and social Psychology, 37,* 1－11.

Lazarus, R. S., & Folkman, S. (1984). *Stress, Appraisal, And Coping.* New York: Springer.

Lee, H. H., & Cranford, J. A. (2008). Does resilience moderate the associations between parental problem drinking and adolescents internalizing and externalizing behaviours? A study of Korean Adolescents. *Drug and Alcohol Dependence, 96,* 213－221.

Leipold, B., & Greve, W. (2009). Resilience: A conceptual bridge between coping and development. *European Psychologist, 14,* 40－50.

Lenard, R., & Burns, A (1999). Turning points in the lives of midlife and lower women. *Australian Psychologist, 34*, 87－93.

Levin, S. & Ursin, H. (1972). *What is stress?, Psychobiology of stress*, New York: Academy Press.

Lehrer, P. M., Woolfolk, R. L., & Sim, W. E. (2007). *Stress Management.* New York: Guilford Press.

Loeha, J. E .(2007). **유쾌한 스트레스 활용법** 7. 이영 역, 서울: 21세기 북스.

Lorne, L. (2004). **자비의 심리학**. 서울: 학지사.

Luthar, S. S., Cicchetti, D., & Becker, B. (2000). The construct of resilience: A critical evaluation and guidelines for future work. *Child Development, 71,* 543－562.

Ma, J. (2014). Stress: Friend or Enemy?. *Journal of Educational and Social Research,* 4. No. 6.

Mason, L. J. (2001). *Guide to stress Reduction*, Berkely. Celestial Arts.

Masten, A. S. (2001). Ordinary magic: Resilience processes in development. *American Psychologist, 56,* 227－238.

Masten, A. s., Best, K. M., & Garmezy, M. (1990). Resilience and development: contributions from the study of children who overcome adversity. *Development and Psychopathology, 2,* 425–444.

Matheny, K. B., Aycock, D. W., Pugh, J. L., Curlette, W. L., & Cannella, K. A. S. (1986). Stress coping: A qualitative an quantitative synthesis with implications for treatment. *The Counseling Psychologist 14(4),* 499–549.

Mate, G. (2015). **몸이 아니라고 말할 때***(When the body says no: The cost of hidden stress).* 류경희 역, 서울: 김영사.

McEwen, B., & Lasley, E. N. (2002). **스트레스의 종말.** 이연경. 최준식 역, 서울: 시그마북 스

McGonigal, K. (2015). *How to make stress your friend.* TED.

McGonigal, K. (2015). **스트레스의 힘***(The Upside of Stress).* 신예경 역. 서울: 21세기 북스.

McGrath, J. B. (1976). *Stress and behavior in organization. Organizational Psychology.* A Scientist–Practitioner Approach. Wiley.

Mills, M. R. (1982). Psychological stress and coping techniques among selected elementary school principals. *Dissertation abstract international,* 167.

Minuchin, S. (1975). A conceptual model of pshchosomatic illness in children, family organization and family therapy. *Archives of general psychiatry,* 1031–1038.

Moss, D., McGrady, A., Davies, T., & Wickramasekera, I. (2002). *Handbook of mindbody medicine for primary care.* Newbury Park, CA: Sage.

Olff, M., Frijling, J. L., Kubzansky, L. D., Bradley, B., Ellenbogen, M. A., Cardoso, C., Bartz, J. A., Yee, J. R., Zuiden, M. van. (2013). The role of oxytocin in social bonding, stress regulation and menetal health: An update on the moderating effects of context and interindividual differences. *Psychoneuroendocrinology, 2013,* 38.

Nezu, A. M., Nezu, C. M., & D'Zurilla, T. J. (2013). *Problem–solving therapy.* New York: Springer Publishing Co.

Pellegrini, D. S. (1990). Psychosocial risk and protective factors in childhood. *Developmental and Behavioural Pediatrics,* 11, 201–209.

Petrie, K. P., Booth, R. J., & Pennebaker, J. W. (1998). The immunological effects of thought suppression. *Journal of Personality and Social Psychology*, 75, 1264-1272.

Roberts, R. G. (2014). Living in Constant Crisis-When Stress Management Becomes the Problem. *PLOS Biology*, l, 12, 11.

Rutter, M. (1987). Psychosocial resilience and protective mechanism. *American Journal of Orthopsychiatry, 57,* 316-331.

Rutter, M. (1990). Competence under stress: Risk and protective facttors. In J. Rolf, A. Masten, D. Cicchetti, K. H. Neuchterllain, & S. Weintraub (Eds.), *Risk and protective factors in the development of psychopathology,* 181-214. New York: Cambridge University Press.

Sapolsky, R. M. (1994). 스트레스(Stresss). 이재담. 이지윤 역. 서울: 사이언스 북스.

Seeman, T. E. & McEwen, B. S. (1996). Impact of Social Environment Characteristics on Neuroendocrine Regulation. *Psychosomatic Medicine*, 58, 462.

Schacter, Gilbert, Wegner (2011), 심리학 개론, 시그마 프레스.

Selye, H. (1978). *The stress of life*, 370p. New York: MacGraw-Hill(first published 1956).

Seery, M. D., Holman, A. E., & Silver, R. S. (2010). Whatever does not kill us: Cumulative lifetime adversity, vulnerability and resilience. *Journal of Personality and Social Psychology*, 99, 1025-1041.

Sharp, D (1987). *Personality types: Jung' model of typology.* Toronto, Canada: Inner City Books.

Smith, C. A., & Lazarus, R. S. (1990). Emotion and adaptation, Handbook of personality. *Theory and research*, 609-639.

Stanovich, K. E., & West, R. F. (2000). Individual differences in reasoning: implication for the rationality debate? 2000-Behavioral and Brain Science, 23(5), 701-717.

Taylor, S. E. (2002). *The tending instinct: How nurturing is essential to who we are and how we live.* New York: Times Books.

Taylor, S. E., Lewis, B. P., Cruenewald, T. L., Gurung, R. A. R., Updegraff, J. A., & Klein, L. C. (2000). Biobehavioral responses to stress in females: Tend and befriend, not fight-or flight. *Psychological Review*, 107,

411－429.

Weiner, B. A. (1986). *An Attributional Theory of Motivation and Emotion*: New York: springer.

색 인

[ㅅ]

[ㅇ]

위기관리총서 시리즈 1

현장에서의 위기개입워크북

부록

관련 기관 안내

일반 정신 건강 관련 기관

기관명	연락처
〈정부 및 공공기관 및 유관기관〉	
보건복지부	129 (공휴일, 야간: 044－202－2118)
국립정신건강센터	02－2204－0114
중앙정신건강복지사업지원단	02－747－3070
질병관리본부	043－719－7065
국방헬프콜	1303
중앙장애인권익옹호기관	02－6951－1790
〈경찰 트라우마센터〉	
서울 보라매병원	02－870－2114
대전 유성선병원	1588－7011
부산 온종합병원	051－607－0114
광주 조선대학교병원	062－220－3398
〈광역정신건강복지센터〉	
서울시정신건강복지센터	02－3444－9934
경기도정신건강복지센터	031－212－0435~6
인천광역정신건강복지센터	032－468－9911
충청북도광역정신건강복지센터	043－217－0597
충청남도광역정신건강복지센터	041－633－9183
대전광역정신건강복지센터	042－486－0005
경상남도정신건강복지센터	055－239－1400
경상북도정신건강복지센터	054－748－6400
대구광역정신건강복지센터	053－256－0199
전라북도광역정신건강복지센터	063－251－0650
전라남도광역정신건강복지센터	061－350－1700

기관명	연락처
광주광역정신건강복지센터	062－600－1930
강원도광역정신건강복지센터	033－251－1970
울산광역정신건강복지센터	052－716－7199
부산광역정신건강복지센터	051－242－2575
제주특별자치도광역정신건강복지센터	064－717－3000
〈지역별 정신건강복지센터〉 – 서울	
강남구정신건강복지센터	02－2226－0344
강동구정신건강복지센터	02－471－3223
강북구정신건강복지센터	02－985－0222
강서구정신건강복지센터	02－2600－5926
관악구정신건강복지센터	02－879－4911
광진구정신건강복지센터	02－450－1895
구로정신건강복지센터	02－860－2618
금천구정신건강복지센터	02－3281－9314
노원구정신건강복지센터	02－950－4591
도봉구정신건강복지센터	02－900－5783
동대문구정신건강복지센터	02－963－1621
동작구정신건강복지센터	02－588－1455
마포구정신건강복지센터	02－3272－4937
서대문구정신건강복지센터	02－337－2165
서초구정신건강복지센터	02－2155－8215
성동구정신건강복지센터	02－2298－1080
성북구정신건강복지센터	02－2241－6304
송파정신건강복지센터	02－421－5871
양천구정신건강복지센터	02－2061－8881
영등포구정신건강복지센터	02－2670－4753
용산구정신건강복지센터	02－2199－8370
은평구정신건강복지센터	02－353－2801
종로구정신건강복지센터	02－745－0199
중구정신건강복지센터(서울)	02－2236－6606

기관명	연락처
중랑구정신건강복지센터	02-3422-5921~3
- 경기도	
가평군정신건강복지센터	031-581-8881
고양시아동청소년정신건강증진센터	031-908-3567
고양시정신건강증진센터	031-968-2333
과천시정신건강증진센터	02-504-4440
광명시정신건강복지센터	02-897-7786
광주시정신건강복지센터(경기)	031-762-8728
구리시정신건강복지센터	031-550-8614
군포시정신건강증진센터	031-461-1771
김포시정신건강복지센터	031-998-2005
남양주시정신건강복지센터	031-592-5891
동두천시정신건강복지센터	031-863-3632
부천시정신건강복지센터	032-654-4024~7
성남시소아청소년정신건강복지센터	031-751-2445
성남시정신건강복지센터	031-754-3220
수원시노인정신건강센터	031-273-7511
수원시아동청소년정신건강센터	031-242-5737
수원시정신건강복지센터	031-247-0888
수원시행복정신건강복지센터	031-253-5737
시흥시정신건강복지센터	031-316-6661
안산시정신건강복지센터	031-411-7573
안성시정신건강복지센터	031-378-5361~9
안양시정신건강복지센터	031-469-2989
양주시정신건강복지센터	031-840-7320
양평군정신건강복지센터	031-770-3526
여주시정신건강복지센터	031-886-3435
연천군정신건강증진센터	031-832-8106
오산시정신건강증진센터	031-374-8680
용인시정신건강증진센터	031-286-0949
의왕시정신보건센터	031-458-0682
의정부시정신건강복지센터	031-828-4547

기관명	연락처
이천시정신건강복지센터	031-637-2330
파주시정신건강증진센터	031-942-2117
평택시정신건강증진센터	031-658-9818
포천시 정신건강복지센터	031-532-1655
하남시정신건강복지센터	031-793-6552
화성시정신건강복지센터	031-369-2892
- 인천	
강화군정신건강복지센터	032-932-4093
계양구정신건강복지센터	032-547-7087
부평구정신건강증진센터	032-330-5602
연수구정신건강복지센터	032-749-8171~7
인천남구정신건강복지센터	032-421-4045~6
인천남동구정신건강복지센터	032-465-6412
인천동구정신건강복지센터	032-765-3690~1
인천서구정신건강증진센터	032-560-5006, 5039
인천중구정신건강증진센터	032-760-6090
- 충남	
계룡시정신건강복지센터	042-840-3584/3570
공주시정신건강복지센터	041-852-1094
금산군정신건강복지센터	041-751-4721
논산시정신건강복지센터	041-746-8073/4076
당진시정신건강복지센터	041-352-4071
보령시보건소정신건강복지센터	042-930-4184
부여군보건소정신건강복지센터	041-830-2502
서산시정신건강복지센터	041-661-6592
서천군정신건강복지센터	041-950-6733
아산시정신건강복지센터	041-537-4353
예산군정신건강복지센터	041-339-8029
천안시정신건강복지센터(동남구)	041-521-2664
천안시정신건강복지센터(서북구)	041-571-0199

기관명	연락처
청양군보건의료원 정신건강복지센터	041－940－4546
태안군보건의료원 정신건강복지센터	041－671－5398
홍성군정신건강복지센터	041－630－9076 / 보건소－9057
－ 충북	
괴산군정신건강증진센터	043－832－0330
단양군정신건강복지센터	043－420－3245
보은군정신건강복지센터	043－544－6991
영동군정신건강복지센터	043－740－5613/5624
옥천군정신건강복지센터	043－730－2195
음성군정신건강증진센터	043－872－1883~4, 043－878－1882
제천시정신건강복지센터	043－646－3074~5
증평군정신건강증진센터	043－835－4277
진천군정신건강증진센터	043－536－8387
청주시상당정신건강복지센터	043－201－3122~9
청주시서원정신건강복지센터	043－291－0199
청주시흥덕정신건강복지센터	043－234－8686
청주시청원정신건강복지센터	043－215－6868
충주시정신건강복지센터	043－855－4006
－ 세종	
세종시정신건강복지센터	044－861－8521
－ 대전	
대덕구정신건강복지센터	042－931－1671
동구정신건강복지센터(대전)	042－673－4619
서구정신건강증진센터(대전)	042－488－9748
유성구정신건강증진센터	042－825－3527
중구정신건강증진센터(대전)	042－257－9930
－ 경남	
거제시보건소 정신건강복지센터	055－639－6119
거창군정신건강증진센터	055－940－8344/8384

기관명	연락처
고성군보건소정신건강복지센터	055－670－4057~8
김해시정신건강복지센터	070－4632－2900
남해군보건소 정신건강복지센터	055－860－8701
밀양시정신건강복지센터	055－359－7081
사천시보건소 정신건강복지센터	055－831－2795/3575
산청군정신건강복지센터	055－970－7553
양산시정신건강복지센터	055－367－2255
의령군보건소/의령군정신건강증진센터	055－570－4093/4023
진주시보건소정신건강증진센터	055－749－4575/5774
창녕군정신건강복지센터	055－530－6225
창원시 마산정신건강복지센터	055－225－6031
창원시 진해정신건강복지센터	055－225－6691
창원시 창원정신건강복지센터	055－287－1223
통영시정신건강복지센터	055－650－6122/6153
하동군정신건강복지센터	055－880－6670
함안군보건소 정신건강복지센터	055－580－3201/3131
함양군보건소 정신건강복지센터	055－960－5358/4685
합천군 보건소 정신건강복지센터	055－930－4835/3720
－ 경북	
경산시정신건강복지센터	053－816－7190
경주시정신건강복지센터	054－777－1577
구미시정신건강복지센터	054－480－4047
김천시정신건강복지센터	054－433－4005
문경시정신건강증진센터	054－554－0802
봉화군정신건강복지센터	054－679－1126
상주시정신건강복지센터	054－536－0668
성주군정신건강복지센터	054－930－8112

기관명	연락처
안동시정신건강복지센터	054-842-9933
영덕군정신건강복지센터	054-730-7161~4
영주시 정신건강복지센터	054-639-5978
영천시정신건강증진센터	054-331-6770
칠곡군정신건강복지센터	054-973-2024
포항시남구정신건강복지센터	054-270-4073/4091
포항시북구정신건강증진센터	054-270-4193~8
- 대구	
남구정신건강증진센터(대구)	053-628-5863
달서구정신건강복지센터	053-637-7851
달성군정신건강증진센터	053-643-0199
동구정신건강복지센터(대구)	053-983-8340,2
북구정신건강복지센터(대구)	053-353-3631
서구정신건강증진센터(대구)	053-564-2595
수성구정신건강증진센터	053-756-5860
중구정신건강복지센터(대구)	053-256-2900
- 전남	
강진군정신건강복지센터	061-430-3542/3560
고흥군정신건강복지센터	061-830-6636/6673
광양시정신건강증진센터	061-797-3778
곡성군정신건강복지센터	061-363-9917
구례군정신건강복지센터	061-780-2023/2047
나주시정신건강증진센터	061-333-6200
담양군보건소/담양군정신건강복지센터	061-380-3995
목포시정신건강복지센터	061-276-0199
무안정신건강복지센터	061-450-5032
보성군정신건강증진센터	061-853-5500
순천시정신건강복지센터	061-749-6884/6928
여수시정신건강복지센터	061-659-4255/4289

기관명	연락처
영광군 정신건강복지센터	061-350-5666, 061-353-9401
완도군정신건강증진센터	061-550-6742/6745
장성군정신건강증진센터	061-390-8373/395-0199
장흥군정신건강복지센터	061-860-0549/0541
진도군정신건강복지센터	061-540-6058
함평군정신건강복지센터	061-320-2428/2512
해남군정신건강복지센터	061-531-3763/3767
화순군정신건강복지센터	061-379-5305
- 전북	
고창군 정신건강증진센터	063-563-8738
군산시정신건강증진센터	063-445-9191
김제시정신건강복지센터	063-542-1350
남원시정신건강복지센터	063-635-4122
부안군정신건강증진센터	063-581-5831
완주군정신건강복지센터	063-262-3066
익산시정신건강증진센터	063-841-4235
전주시정신건강증진센터	063-273-6995~6
정읍시정신건강증진센터	063-535-2101
진안군 정신건강증진센터	063-432-8529
무주군정신건강복지센터	063-320-8232
- 광주	
광산구정신건강증진센터	062-941-8567
광주남구정신건강증진센터	062-676-8236
광주동구정신건강증진센터	062-233-0468
광주북구정신건강증진센터(본소)	062-267-5510
광주북구정신건강복지센터(분소)	062-267-4800
광주서구정신건강증진센터	062-350-4195

기관명	연락처
– 강원도	
강릉시정신건강복지센터	033–651–9668
고성군정신건강복지센터(강원)	033–682–4020
동해시정신건강복지센터	033–533–0197
삼척시정신건강복지센터	033–574–0190
속초시정신건강복지센터	033–633–4088
양구군정신건강복지센터	033–480–2789
양양군정신건강증진센터	033–673–0197, 0199
영월군정신건강복지센터	033–374–0199
원주시정신건강복지센터	033–746–0198
인제군보건소 정신건강복지센터	033–460–2245, 033–461–7427
정선군보건소 정신건강복지센터	033–560–2896
철원군보건소 철원군정신건강증진센터	033–450–5104
춘천시정신건강복지센터	033–241–4256
태백시정신건강복지센터	033–554–1278
평창군보건의료원 정신건강복지센터	033–330–4872
홍천군정신건강증진센터	033–430–4035
화천군보건소 정신건강복지센터	033–441–4000
횡성군정신건강증진센터	033–345–9901
– 울산	
울산울주군정신건강복지센터	052–262–1148
울산남구정신건강복지센터	052–227–1116
울산동구정신건강복지센터	052–233–1040
울산북구정신건강복지센터	052–288–0043
울산중구정신건강증진센터	052–292–2900
– 부산	
강서구정신건강증진센터(부산)	051–970–3417
금정구정신건강증진센터	051–518–8700

기관명	연락처
기장군정신건강증진센터	051–727–5386
남구정신건강증진센터(부산)	051–626–4660,1
동구정신건강복지센터(부산)	051–911–4600
동래구정신건강복지센터	051–507–7306~7
북구정신건강복지센터(부산)	051–334–3200
사상구정신건강증진센터	051–314–4101
사하구정신건강복지센터	051–265–0512
서구정신건강증진센터(부산)	051–256–1983
수영구정신건강증진센터	051–714–5681
연제구정신건강복지센터	051–861–1914
영도구정신건강복지센터	051–404–3379
중구정신건강복지센터(부산)	051–257–7057
진구정신건강증진센터	051–638–2662
해운대구정신건강복지센터	051–741–3567
– 제주	
서귀포시정신건강복지센터	064–760–6553
제주시정신건강증진센터	064–728–4075
〈지방 보건소〉 – 전남	
신안군 보건소	061–240–8095
영암군 보건소	061–470–6539
– 전북	
순창군보건의료원	063–650–5247
임실군보건의료원	063–640–3144
장수군보건의료원	063–350–3162
– 경북	
고령군보건소	054–954–1300
청도군 보건소	054–370–6296
군위군 보건소	054–383–4000
예천군 보건소	054–650–8033
영양군 보건소	054–680–5132
울릉군보건의료원	054–790–6871
의성군 보건소	054–830–6684
청송군 보건의료원	054–870–7200

자살 관련 기관

기관명	연락처
한국자살예방협회	02-413-0892-3
한마음한몸자살예방센터	02-318-3079
사랑의전화상담센터	02-3272-4242
불교상담개발원(자비의전화)	02-737-7378
(사)생명존중교육협의회	02-904-6647
기독교자살예방센터	070-8749-2114
중앙자살예방센터	02-2203-0053
〈생명의 전화〉	
한국생명의전화	02-763-9195
서서울생명의전화	02-2649-9233
수원생명의전화	031-237-3120
안양생명의전화	031-383-9114
고양생명의전화	031-901-1391
부천생명의전화	032-325-2322
충주생명의전화	043-842-9191
광주생명의전화	062-232-9192
전주생명의전화	063-286-9192
대구생명의전화	053-475-9193
포항생명의전화	054-252-9177
울산생명의전화	052-265-5570
부산생명의전화	051-807-9195
제주생명의전화	064-744-9190
〈광역자살예방센터〉	
서울시자살예방센터	02-3458-1000
경기도자살예방센터	031-212-0437
인천광역시자살예방센터	032-468-9911
대구광역자살예방센터	053-256-0199
광주광역자살예방센터	062-600-1930
강원도자살예방센터	033-251-1970
부산광역자살예방센터	051-242-2575
〈지역자살예방센터〉 - 서울	
성동구자살예방센터	02-2298-7119

기관명	연락처
성북구자살예방센터	02-916-9118
- 경기	
가평군자살예방센터	031-581-8872
광명시자살예방센터	02-2618-8255
성남시정신건강증진센터 부설 성남	031-754-3220
수원시자살예방센터	031-247-3279
시흥시자살예방센터	031-316-6664
안산시자살예방센터	031-418-0123
여주시자살예방센터	031-886-3435
양평군자살예방센터부설양평군자	031-770-3532, 26
용인시자살예방센터	070-4457-9373
이천시자살예방센터	031-637-2330
의정부시정신건강복지센터 부설	031-828-4547
화성시자살예방센터	031-369-2892
- 인천	
인천남구자살예방센터	032-421-4047
- 충남	
천안시자살예방센터	041-571-0199
- 전북	
남원시자살예방센터	063-635-4122
- 강원	
강릉시정신건강복지센터부설강릉	033-651-9668
원주시정신건강복지센터부설원주	033-746-0198
홍천군정신건강복지센터부설홍천	033-435-7482
- 울산	
울산남구자살예방센터	052-227-1116
울산동구자살예방센터	052-233-1040
울산북구자살예방센터	052-288-0043
울산중구자살예방센터	052-292-2900

여성 관련 기관

기관명	연락처
〈여성 긴급전화 1366〉	
중앙센터	1366
서울	02－1366
경기	031－1366
경기북부	031－1366
인천	032－1366
충북	043－1366
충남	041－1366
대전	042－1366
전북	063－1366
전남	061－1366
광주	062－1366
경북	054－1366
경남	055－1366
대구	053－1366
강원	033－1366
울산	052－1366
부산	051－1366
제주	064－1366
〈여성 관련 전문 기관〉	
(사)한국여성상담센터	02－953－1704
(사)한국여성장애인연합	02－3675－9935, 02－766－9935
〈한국 여성의 전화〉	
서울강서양천여성의전화	02－2605－8466
김포여성의전화	가정폭력상담: 031－986－0136
광명여성의전화	가정폭력상담: 02－2060－2545 이메일상담: kmwhl@hanmail.net
성남여성의전화	가정폭력상담: 031－751－6677 성폭력상담: 031－751－1120 이메일상담: snwhl@naver.com
수원여성의전화	가정폭력상담: 031－232－6888

기관명	연락처
	성폭력상담: 031－224－6888 성매매상담: 031－222－0122 청소년열린터: 031－253－8298
시흥여성의전화	여성폭력상담: 031－496－9393 가정폭력상담: 031－496－9494 이메일상담: shwhl@jinbo.ne
안양여성의전화	가정폭력상담: 031－468－1366 성폭력상담: 031－466－1366
부천여성의전화	상담: 032－328－9711
강릉여성의전화	상담 : 033－643－1982, 033－643－1985 이메일상담: gw1985@hanmail.net
군산여성의전화	상담: 063－445－2285
익산여성의전화	상담: 063－858－9191 이메일상담: iswhl@hanmail.net
전주여성의전화	상담: 063－283－9855, 063－282－1366
영광여성의전화	상담: 061－352－1321
청주여성의전화	여성폭력상담: 043－252－0966, 043－252－0968
천안여성의전화	여성폭력상담: 041－561－0303
창원여성의전화	여성폭력상담: 055－267－1366, 055－283－8322
진해여성의전화	상담: 055－546－8322, 055－546－0036 참살이: 055－546－1409 이메일상담: jhwhl01@hanmail.net
광주여성의전화	일반상담: 062－363－0442~3 가정폭력상담: 062－363－0485 성폭력상담: 062－363－0487 성매매상담: 062－384－8297
대구여성의전화	가정폭력상담: 053－471－6482 성폭력상담: 053－471－6483 이메일상담: esco10@hananet.net
울산여성의전화	여성주의상담: 052－244－1555

기관명	연락처
부산여성의전화	가정폭력상담: 051-817-6464 성폭력상담: 051-817-6474
〈한국여성민우회〉	
한국여성민우회	02-737-5763
한국여성민우회(성폭력 상담)	02-335-1858
한국여성민우회(여성연예인인권지원)	02-736-1366
서울남서여성민우회	02-2643-1253
서울동북여성민우회	02-3492-7141
고양파주여성민우회	031-907-1003
군포여성민우회	031-396-0201
인천여성민우회	032-525-2219
광주여성민우회	062-529-0383
진주여성민우회	055-743-0410
원주여성민우회	033-732-4116
춘천여성민우회	033-255-5557

아동 관련 기관

기관명	연락처
중앙아동보호전문기관	02－558－1391
〈지역아동센터〉	
한국지역아동센터연합회	1544－4196
지역아동센터중앙지원단	02－365－1264, 02－581－1264
서울지원단	02－2632－3125
인천지원단	032－425－7327－8
경기북부지원단	031－595－7859/7869
경기남부지원단	031－236－2729
충북지원단	043－287－9095
충남지원단	041－557－2729
대전지원단	042－226－2729
강원지원단	033－255－1008,9
전북지원단	063－274－5479
전남지원단	061－272－7951~2
광주지원단	062－522－9976, 062－521－9975
경북지원단	054－463－7275~6
울산지원단	052－221－2729
경남지원단	055－252－1379
대구지원단	053－476－1613
부산지원단	051－440－3020~1
제주지원단	064－756－5579
〈아동보호전문기관〉 － 서울	
중앙아동보호전문기관	02－558－1391
노원구아동보호전문기관	02－974－1391
서울동남권아동보호전문기관	02－474－1391
서울특별시아동보호전문기관	02－2040－4242
서울특별시동부아동보호전문기관	02－2247－1391
서울강서아동보호전문기관	02－3665－5183~5
서울은평아동보호전문기관	02－3157－1391
서울영등포아동보호전문기관	02－842－0094

기관명	연락처
서울성북아동보호전문기관	02－923－5440
서울마포아동보호전문기관	02－422－1391
－ 경기	
수원아동보호전문기관	031－8009－0080
경기평택아동보호전문기관	031－652－1391
경기시흥아동보호전문기관	031－316－1391
경기용인아동보호전문기관	031－275－6177
안산시아동보호전문기관	031－402－0442
경기도아동보호전문기관	031－245－2448
경기북부아동보호전문기관	031－874－9100
경기성남아동보호전문기관	031－756－1391
경기고양아동보호전문기관	031－966－1391
경기부천아동보호전문기관	032－662－2580
경기화성아동보호전문기관	031－227－1310
경기남양주아동보호전문기관	031－592－9818
－ 인천	
인천남부아동보호전문기관	032－424－1391
인천광역시아동보호전문기관	032－434－1391
인천북부아동보호전문기관	032－515－1391
－ 충청북도	
충청북도아동보호전문기관	043－216－1391
충북북부아동보호전문기관	043－645－9078
충북남부아동보호전문기관	043－731－3686
－ 충청남도	
충청남도서부아동보호전문기관	041－635－1106
충청남도아동보호전문기관	041－578－2655
충청남도남부아동보호전문기관	041－734－6640~1
－ 대전	
대전광역시아동보호전문기관	042－254－6790
－ 세종시	
세종시아동보호전문기관	044－864－1393

기관명	연락처
– 전라북도	
전라북도아동보호전문기관	063–283–1391
전라북도서부아동보호전문기관	063–852–1391
전라북도서부아동보호전문기관 군산분소	063–734–1391
전라북도동부아동보호전문기관	063–635–1391~3
– 전라남도	
전남중부권아동보호전문기관	061–332–1391
전라남도아동보호전문기관	061–753–5125
전남서부권아동보호전문기관	061–285–1391
전남서부권아동보호전문기관 분사무소	061–284–1391
– 광주	
빛고을아동보호전문기관	062–675–1391
광주광역시아동보호전문기관	062–385–1391
– 경상북도	
경북남부아동보호전문기관	054–745–1391
경북북부아동보호전문기관	054–853–0237~8
경북동부아동보호전문기관	054–284–1391
경북서부아동보호전문기관	054–455–1391
– 경상남도	
김해시아동보호전문기관	055–322–1391
경상남도아동보호전문기관	055–244–1391
경상남도아동보호전문기관 양산사무소	055–367–1391
경남서부아동보호전문기관	055–757–1391
– 대구	
대구광역시북부아동보호전문기관	053–710–1391
대구광역시남부아동보호전문기관	053–623–1391
대구광역시아동보호전문기관	053–422–1391
– 강원	
강원남부아동보호전문기관	033–535–5391

기관명	연락처
강원도아동보호전문기관	033–244–1391
강원동부아동보호전문기관	033–644–1391
강원서부아동보호전문기관	033–766–1391
– 울산	
울산남부아동보호전문기관	052–256–1391
울산광역시아동보호전문기관	052–245–9382
– 부산	
부산남부아동보호전문기관	051–791–1360
부산서부아동보호전문기관	051–711–1391
부산광역시아동보호전문기관	051–791–1391
부산동부아동보호전문기관	051–715–1391
– 제주	
제주특별자치도아동보호전문기관	064–712–1391~2
서귀포시아동보호전문기관	064–732–1391
〈아동학대예방센터〉	
서울특별시아동학대예방센터	02–2040–4242
서울동부아동학대예방센터	02–2247–1391
서울강서아동학대예방센터	02–3665–5184
서울은평아동학대예방센터	02–3157–1391
서울영등포아동학대예방센터	02–842–0094
서울성북아동학대예방센터	02–923–5440
서울마포아동학대예방센터	02–422–1391
서울동남권아동학대예방센터	02–474–1391
〈아동학대예방협회_민간단체〉 – 서울	
서울시 강동구 지회	010–7169–7851
서울시 강서구 지회	010–5239–7334
서울시 강북구 지회	011–790–7707
서울시 구로구 지회	010–6747–0101
서울시 관악구 지회	02–884–2795, 010–6265–2745
서울 강북구 수유 지회	010–5001–7299
서울시 금천구 지회	010–3207–7932
서울시 노원구 지회	010–5084–8425

기관명	연락처
서울시 동대문구 이문지회	010 – 7302 – 1122
서울시 동대문구 지회	010 – 2322 – 5258
서울시 동작구 지회	010 – 3780 – 5874, 02 – 826 – 4916
서울시 동작구 상도 지회	010 – 8728 – 1366
서울시 서대문구 지회	010 – 5313 – 0655
서울시 송파구 지회	010 – 5280 – 1497
서울시 양천구 지회	010 – 8745 – 3644
서울시 영등포구 지회	010 – 6656 – 8309
서울시 용산구 지회	010 – 3383 – 7413
서울시 서초구 지회	02 – 599 – 6009, 010 – 4728 – 5591
서울시 성북구 지회	02 – 599 – 6009, 010 – 4728 – 5591
서울시 성동구 지회	02 – 2297 – 1896, 010 – 9377 – 1896
서울시 중랑구 지회	010 – 3288 – 3010
서울시 강남구 지회	010 – 2848 – 1215
– 인천	
인천광역시 중구 지부	010 – 3225 – 8938
– 경기도	
경기도 지부	031 – 654 – 7797, 010 – 9475 – 7787
경기도 고양시 지회	010 – 8280 – 0699
경기도 광명시 지회	010 – 8327 – 9819
경기도 일산시 서구 지회	010 – 2571 – 0192
경기도 이천시 지회	02 – 2201 – 6501, 010 – 2555 – 7111
경기도 안양시 지회	010 – 7316 – 1569
경기도 안산시 지회	010 – 2055 – 1569
경기도 용인시 지회	031 – 282 – 2221, 010 – 8921 – 2526
경기도 수원시 지회	010 – 6280 – 8596
경기도 수원시 권선구 지회	031 – 237 – 1515, 010 – 2004 – 8281
경기도 수원시 영통구 지회	031 – 216 – 1159

기관명	연락처
경기도 수원시 장안구 지회	010 – 9282 – 9892
경기도 수원시 팔달구 지회	010 – 5350 – 7919
경기도 성남시 지회	031 – 781 – 2611
경기도 오산시 지회	010 – 6727 – 4447
경기도 부천시 지회	010 – 8744 – 4957
경기도 평택시 비전 지회	010 – 3337 – 3044
경기도 성남시 분당구 지회	010 – 8216 – 5777
경기도 화성시 지회	031 – 226 – 2004, 010 – 2599 – 7685
경기도 화성시 남부지회	031 – 221 – 1190, 010 – 2375 – 1190
경기도 화성시 서부지부	031 – 227 – 7268, 010 – 4023 – 7218
경기도 화성시 동부지회	010 – 2842 – 7656
경기도 화성 서남부지회	010 – 5006 – 9861
경기도 화성 북부지회	010 – 7477 – 5713
경기도 화성시 화성융건지회 지회장	010 – 3310 – 2075
– 경상남도	
경상남도 함안 지회	055 – 582 – 7589, 010 – 3066 – 7099
– 경상북도	
경상북도 지부	054 – 532 – 1473
– 전라북도	
전북지회	010 – 4001 – 1010
– 전라남도	
전라남도 광주시 남구 지회	010 – 2214 – 4800
– 충청남도	
충청남도 지부	041 – 545 – 6521, 010 – 5451 – 6522
충청남도 보령시 지회	041 – 935 – 0160
충청남도 예산시 지회	041 – 335 – 1961, 010 – 2519 – 8474
충청남도 태안군 지부	010 – 9699 – 7179

기관명	연락처
– 강원도	
강원도 지부	033–255–1387 010–9589–8079
– 울산	
울산광역시 울산 지부	010–2562–1455
울산광역시 울주군 지회	010–9311–4830
m– 제주	
제주특별자치도 지부	064–725–1200, 010–3751–2864

청소년 관련 기관

기관명	연락처
에듀넷 도란도란 학교폭력예방	117
청소년 사이버상담센터	1388
청예단 학교폭력SOS지원단	02－598－1640
탁틴내일(아동청소년성폭력 상담소)	02－3141－6191
〈청소년상담복지센터〉	
서울특별시청소년상담복지센터	02－2285－1318
서울강남구청소년상담복지센터	02－2226－8555
서울강동구청소년상담복지센터	070－8819－1388
서울강북구청소년상담복지센터	02－6715－6661
서울강서구청소년상담복지센터	02－2061－8998
서울관악구청소년상담복지센터	02－872－1318
서울광진구청소년상담복지센터	02－2205－2300
서울구로구청소년상담복지센터	02－852－1319
서울금천구청소년상담복지센터	02－803－1873
서울노원구청소년상담복지센터	02－2091－1387
서울도봉구청소년상담복지센터	02－950－9641
서울동대문구청소년상담복지 센터	02－2236－1377
서울동작구청소년상담복지센터	02－845－1388
서울마포구청소년상담복지센터	02－3153－5982
서울서대문구청소년상담복지 센터	02－3141－1318
서울서초구청소년상담복지센터	02－586－9128
서울성동구청소년상담복지센터	02－2299－1388
서울성북구청소년상담복지센터	02－3292－1779
서울송파구청소년상담복지센터	02－449－7173
서울양천구청소년상담복지센터	02－2646－8341
서울영등포구청소년상담복지 센터	02－2676－6114
서울용산구청소년상담복지센터	02－716－1318
서울은평구청소년상담복지센터	02－384－1318
서울종로구청소년상담복지센터	02－762－1318

기관명	연락처
서울중랑구청소년상담복지센터	02－496－1895
부산광역시청소년상담복지센터	051－804－5001 ~2
부산금정구청소년상담복지센터	051－581－2084
부산기장군청소년상담복지센터	051－792－4880
부산남구청소년상담복지센터	051－621－1389
부산동래구청소년상담복지센터	051－555－1387
부산북구청소년상담복지센터	051－343－1388
부산사하구청소년상담복지센터	051－207－7169
부산서구청소년상담복지센터	051－714－3013
부산수영구청소년상담복지센터	051－759－8413
부산영도구청소년상담복지센터	051－405－5605
부산진구청소년상담복지센터	051－868－0956
부산해운대구청소년상담복지 센터	051－731－4046
사상구청소년상담복지센터	051－327－1388
대구광역시청소년상담복지센터	053－659－6240
대구남구청소년상담복지센터	053－624－0996
대구달서구청소년상담복지센터	053－638－1388
대구달성군청소년상담복지센터	053－614－1388
대구동구청소년상담복지센터	053－984－1319
대구북구청소년상담복지센터	053－324－7388
대구서구청소년상담복지센터	053－562－1388
대구수성구청소년상담복지센터	053－759－1388
대구중구청소년상담복지센터	053－423－1377
인천광역시청소년상담복지센터	032－429－0394
인천계양구청소년상담복지센터	032－547－0855
인천남동구청소년상담복지센터	032－469－7197
인천동구청소년상담복지센터	032－777－1388
인천미추홀구청소년상담복지 센터	032－862－8751
인천부평구청소년상담복지센터	032－509－8916
인천서구청소년상담복지센터	032－584－1388
인천연수구청소년상담복지센터	032－818－0358

기관명	연락처
인천중구청소년상담복지센터	032-773-1317
광주광역시청소년상담복지센터	062-226-8181
광주광산구청소년상담복지센터	062-943-1388
광주남구청소년상담복지센터	062-675-1388
광주동구청소년상담복지센터	062-229-3308
광주북구청소년상담복지센터	062-251-1388
광주서구청소년상담복지센터	062-375-1388
대전광역시청소년상담복지센터	042-257-6577
대전서구청소년상담복지센터	042-527-1112 ~3
대전유성구청소년상담복지센터	042-824-3454
경기도청소년상담복지센터	031-248-1318
가평군청소년상담복지센터	031-581-0397
고양시청소년상담복지센터	031-979-1318
과천시청소년상담복지센터	02-504-1388
광명시립청소년상담복지센터	02-809-2000
광주시청소년상담복지센터	031-760-2219
구리시청소년상담복지센터	031-557-2000
군포시청소년상담복지센터	031-397-1388
김포시청소년상담복지센터	031-984-1388
남양주시청소년상담복지센터(본소)	031-590-8097 ~8, 031-590-8971 ~2
남양주시청소년상담복지센터(동부분소)	031-590-8403, 8404
남양주시청소년상담복지센터(북부분소)	031-590-8979, 8980
동두천시청소년상담복지센터	031-861-1388
부천시청소년상담복지센터(본소)	032-325-3002
부천시청소년상담복지센터(분소_소사센터)	032-325-3002
부천시청소년상담복지센터(오정분소)	032-325-3002
성남시청소년상담복지센터	031-756-1388

기관명	연락처
수원시청소년상담복지센터(팔달)	031-218-0446
수원시청소년상담복지센터(장안)	031-242-1318
수원시청소년상담복지센터(영통)	031-215-1318
수원시청소년상담복지센터(권선)	031-236-1318
수원시청소년상담복지센터(광교)	031-216-8354
수원시청소년상담복지센터(칠보)	031-278-6862
시흥시청소년상담복지센터	031-318-7100
안산시청소년상담복지센터	031-414-1318
안성시청소년상담복지센터	031-676-1318
안양시청소년상담복지센터	031-446-0242
양주시청소년상담복지센터	031-858-1318
양평군청소년상담복지센터	031-775-1318
여주시청소년상담복지센터	031-882-8889
연천군청소년상담복지센터	031-832-4452
오산시청소년상담복지센터	031-372-4004
용인시청소년상담복지센터	031-324-9300
의왕시청소년상담복지센터	031-452-1388
의정부시청소년상담복지센터(본소)	031-873-1388
의정부시청소년상담복지센터(호원분소)	031-873-1388
이천시청소년상담복지센터	031-632-7099
파주시청소년상담복지센터	031-946-0022
평택시청소년상담복지센터	031-656-1383
포천시청소년상담복지센터(본소)	031-533-1318
포천시청소년상담복지센터(포천분소)	031-536-1388
하남시청소년상담복지센터	031-790-6680
화성시청소년상담복지센터(본소)	031-225-1318, 031-225-0924
화성시청소년상담복지센터(향남분소)	031-225-1318, 031-225-0924
강원도청소년상담복지센터	033-256-9803, 033-256-9804
강릉시청소년상담복지센터	033-646-7942

기관명	연락처
동해시청소년상담복지센터	033－535－1388
속초시청소년상담복지센터	033－638－1388
영월군청소년상담복지센터	033－375－1318
원주시청소년상담복지센터	033－744－1388
정선군청소년상담복지센터	033－591－1313
철원군청소년상담복지센터	033－452－2000
춘천시청소년상담복지센터	033－818－1388
태백시청소년상담복지센터	033－582－1377
홍천군청소년상담복지센터	033－433－1386
횡성군청소년상담복지센터	033－344－1388
충청북도청소년상담복지센터	043－258－2000
괴산군청소년상담복지센터	043－830－3826
단양군청소년상담복지센터	043－421－8370
보은군청소년상담복지센터	043－542－1388
서청주청소년상담복지센터	043－297－1388
영동군청소년상담복지센터	043－744－5700
옥천군청소년상담복지센터	043－731－1388
음성군청소년상담복지센터	043－873－1318
제천시청소년상담복지센터	043－642－7949
증평군청소년상담복지센터	043－835－4188
진천군청소년상담복지센터	043－536－3430
청주시청소년상담복지센터	043－275－1388
충주시청소년상담복지센터	043－842－2007
충청남도청소년상담복지센터	041－554－2130
계룡시청소년상담복지센터	042－551－1318
공주시청소년상담복지센터	041－856－1388
금산군청소년상담복지센터	041－751－2007
논산시청소년상담복지센터	041－736－2041
당진시청소년상담복지센터	041－357－2000
보령시청소년상담복지센터	041－936－5710
부여군청소년상담복지센터	041－836－1898
서산시청소년상담복지센터	041－669－2000
서천군청소년상담복지센터	041－953－4040
아산시청소년상담복지센터	041－532－2000
예산군청소년상담복지센터	041－335－1388

기관명	연락처
천안시청소년상담복지센터	041－622－1388
청양군청소년상담복지센터	041－942－9596
태안군청소년상담복지센터	041－674－2800
홍성군청소년상담복지센터	041－634－4858
전라북도청소년상담복지센터	063－276－6291
고창군청소년상담복지센터	063－563－6792
군산시청소년상담복지센터	063－466－1388
김제시청소년상담복지센터	063－544－1377
남원시청소년상담복지센터	063－635－1388
무주군청소년상담복지센터	063－323－7717
부안군청소년상담복지센터	063－583－8772
순창군청소년상담복지센터	063－653－4646
완주군청소년상담복지센터	063－291－7373
익산시청소년상담복지센터	063－852－1388
임실군청소년상담복지센터	063－644－1388
장수군청소년상담복지센터	063－351－5161
전주시청소년상담복지센터	063－236－1388
정읍시청소년상담복지센터	063－531－3000
진안군청소년상담복지센터	063－433－2377
전라남도청소년상담복지센터	061－280－9001
강진군청소년상담복지센터	061－432－1388
고흥군청소년상담복지센터	061－834－1317 ~8
곡성군청소년상담복지센터	061－363－9584
광양시청소년상담복지센터	061－795－1388
구례군청소년상담복지센터	061－782－0884
나주시청소년상담복지센터	061－334－1388
담양군청소년상담복지센터	061－381－1386
목포시청소년상담복지센터	061－272－2440
무안군청소년상담복지센터	061－454－5284
보성군청소년상담복지센터	061－853－1388
순천시청소년상담복지센터	061－745－1388
신안군청소년상담복지센터	061－240－8703
여수시청소년상담복지센터	061－663－2000
영광군청소년상담복지센터	061－353－1388

기관명	연락처
영암군청소년상담복지센터	061－471－8375
완도군청소년상담복지센터	061－554－1318
장성군청소년상담복지센터	061－817－1388
장흥군청소년상담복지센터	061－863－1318
진도군청소년상담복지센터	061－544－5122
함평군청소년상담복지센터	061－323－1324
해남군청소년상담복지센터	061－537－1388
화순군청소년상담복지센터	061－375－7442
경상북도청소년상담복지센터	054－1388
경산시청소년상담복지센터	053－812－1318
경주시청소년상담복지센터	054－742－1388
고령군청소년상담복지센터	054－956－1383
구미시청소년상담복지센터	054－443－1387
군위군청소년상담복지센터	054－382－1388
김천시청소년상담복지센터	054－435－1388
문경시청소년상담복지센터	054－556－1389
봉화군청소년상담복지센터	054－674－1388
상주시청소년상담복지센터	054－535－3511
성주군청소년상담복지센터	054－931－1398
안동시청소년상담복지센터	054－859－1318
영덕군청소년상담복지센터	054－732－1318
영주시청소년상담복지센터	054－634－1318
영천시청소년상담복지센터	054－338－1388
예천군청소년상담복지센터	054－654－9901
울진군청소년상담복지센터	054－781－0079
의성군청소년상담복지센터	054－834－7933
청도군청소년상담복지센터	054－373－1610
청송군청소년상담복지센터	054－872－7626
칠곡군청소년상담복지센터	054－971－0418
포항시청소년상담복지센터	054－252－0020
경상남도청소년지원재단	055－711－1388
거제시청소년상담복지센터	055－636－2000
거창군청소년상담복지센터	055－941－2000
고성군청소년상담복지센터	055－673－6882
김해시청소년상담복지센터(본소)	055－325－2000

기관명	연락처
김해시청소년상담복지센터(서부)	055－330－7920
남해군청소년상담복지센터	055－863－5279
밀양시청소년상담복지센터	055－355－2000
사천시청소년상담복지센터	055－835－4199
산청군청소년상담복지센터	055－973－8423
양산시청소년상담복지센터(본소)	055－372－2000
양산시청소년상담복지센터(웅상분소)	055－367－1318
의령군청소년상담복지센터	055－570－2427
진주시청소년상담복지센터	055－744－2000
창녕군청소년상담복지센터	055－532－2000
창원시마산청소년상담복지센터	055－245－7941, 055－245－7925
창원시진해청소년상담복지센터	055－551－2000
창원시창원청소년상담복지센터	055－273－2000
통영시청소년상담복지센터	055－644－2000
하동군청소년상담복지센터	055－883－3000
함안군청소년상담복지센터	055－583－0924
함양군청소년상담복지센터	055－963－7922
합천군청소년상담복지센터	055－932－5499
울산광역시청소년상담복지센터	052－1388
울산남구청소년상담복지센터	052－291－1388
울산동구청소년상담복지센터	052－233－5279
울산북구청소년상담복지센터	052－283－1388
울산울주군청소년상담복지센터	052－229－1388
세종특별자치시청소년상담복지센터	044－867－2022
제주특별자치도청소년상담복지센터	064－759－9951
서귀포시청소년상담복지센터	064－763－9191
제주시청소년상담복지센터	064－725－7999
〈Wee센터〉 － 서울	
북부Wee센터	02－949－7887
서부Wee센터	02－390－5585

기관명	연락처
서울통합Wee센터	02－3999－505
성동광진Wee센터	02－2205－3633
성북강북Wee센터	02－917－7887
중부Wee센터	02－722－7887
학업중단예방Wee센터	02－3999－098
강남서초Wee센터	02－3444－7887
강동송파Wee센터	02－3431－7887
강서양천Wee센터	02－2665－7179
남부SOS통합Wee센터	02－864－8416
남부Wee센터	02－2677－7887
남부교육지원청 꿈세움Wee 센터	02－2625－9128
동부Wee센터	02－2233－7883
동작관악Wee센터	02－884－7887
마음이랑 Wee센터	02－2297－7887
밝음이랑Wee센터	02－853－2460
－ 경기	
가평교육지원청Wee센터	031－580－5174
고양교육지원청Wee센터	031－901－9173
광명교육지원청Wee센터	02－2610－1472
광주하남교육지원청Wee센터	031－760－4092
구리남양주교육지원청Wee센터	031－550－6132
군포의왕교육지원청Wee센터	031－390－1113
김포교육지원청Wee센터	031－985－3986
동두천양주교육지원청Wee센터	031－860－4354
부천교육지원청Wee센터	070－7099－2175
성남교육지원청Wee센터	031－780－2655
수원교육지원청Wee센터	031－246－0818
시흥교육지원청Wee센터	031－488－2417
안산교육지원청Wee센터	031－508－5805
안성교육지원청Wee센터	031－678－5285
안양과천교육지원청Wee센터	031－380－7070
양평교육지원청Wee센터	031－770－5284
여주교육지원청Wee센터	031－883－2795

기관명	연락처
연천교육지원청Wee센터	031－839－0129
용인교육지원청Wee센터	031－889－5890
의정부교육지원청Wee센터	031－820－0093
이천교육지원청Wee센터	031－639－5638
파주교육지원청Wee센터	070－4918－2422
평택교육지원청Wee센터	031－665－0806
포천교육지원청Wee센터	031－539－0026
화성오산교육지원청Wee센터	031－371－0658
－ 인천	
강화교육지원청Wee센터	032－930－7820
남부교육지원청Wee센터	032－764－7179
동부교육지원청Wee센터	032－460－6371
북부교육지원청Wee센터	032－510－5467
서부교육지원청Wee센터	032－555－7179
인천광역시교육청Wee센터	032－432－7179
－ 충남	
공주교육지원청Wee센터	041－850－2339
금산교육지원청Wee센터	041－750－8813
논산계룡교육지원청Wee센터	041－730－7146
당진교육지원청Wee센터	041－351－2534
보령교육지원청 Wee센터	041－930－6380
부여교육지원청Wee센터	041－830－8290
서산교육지원청Wee센터	041－660－0347
서천교육지원청Wee센터	041－951－9435
아산교육지원청Wee센터	041－539－2480
예산교육지원청Wee센터	041－330－3671
천안교육지원청Wee센터	041－629－0401
청양교육지원청Wee센터	041－940－4490
태안교육지원청Wee센터	041－670－8252
홍성교육지원청Wee센터	041－630－5553
－ 충북	
괴산증평교육지원청Wee센터	043－830－5079
단양교육지원청Wee센터	043－420－6121
보은교육지원청Wee센터	043－540－5556
영동교육지원청Wee센터	043－740－7725

기관명	연락처
옥천교육지원청Wee센터	043-731-5062
음성교육지원청Wee센터	043-872-3351
제천교육지원청Wee센터	043-653-0179
진천교육지원청Wee센터	043-530-5361
청주교육지원청Wee센터	043-270-5853
충주교육지원청Wee센터	043-845-0252
- 대전	
대전시교육청 Wee센터	042-480-7878
동부교육지원청Wee센터	042-229-1250
서부교육지원청Wee센터	042-530-1004
- 전남	
강진교육지원청Wee센터	061-430-1533
고흥교육지원청Wee센터	061-830-2074
곡성교육지원청Wee센터	061-362-3994
광양교육지원청Wee센터	061-762-2821
구례교육지원청Wee센터	061-780-6690
나주교육지원청Wee센터	061-337-7179
담양교육지원청Wee센터	061-383-7179
목포교육지원청Wee센터	061-280-6624
무안교육지원청Wee센터	061-450-7025
보성교육지원청Wee센터	061-850-7125
순천교육지원청Wee센터	061-729-7779
신안교육지원청Wee센터	061-240-3690
여수교육지원청Wee센터	061-690-0833
영광교육지원청Wee센터	061-350-6645
영암교육지원청Wee센터	061-470-4135
완도교육지원청Wee센터	061-550-0575
장성교육지원청Wee센터	061-390-6195
장흥교육지원청Wee센터	061-860-1294
진도교육지원청Wee센터	061-540-5115
함평교육지원청Wee센터	061-320-6631
해남교육지원청Wee센터	061-530-1147
화순교육지원청Wee센터	061-370-7196
- 전북	
고창교육지원청Wee센터	063-560-1616

기관명	연락처
군산교육지원청Wee센터	063-450-2680
김제교육지원청Wee센터	063-540-2551
남원교육지원청Wee센터	063-635-8530
무주교육지원청Wee센터	063-324-3399
부안교육지원청Wee센터	063-580-7448
순창교육지원청Wee센터	063-650-6322
완주교육지원청Wee센터	063-270-7696
익산교육지원청 제1 Wee센터	063-850-8990
익산교육지원청 제2 Wee센터	063-852-4501
임실교육지원청Wee센터	063-640-3571
장수교육지원청Wee센터	063-350-5226
전주교육지원청덕진Wee센터	063-253-9214
전주교육지원청완산Wee센터	063-253-9523
정읍교육지원청Wee센터	063-530-3080
진안교육지원청Wee센터	063-430-6294
- 광주	
동부교육지원청Wee센터	062-605-5700
서부교육지원청Wee센터	062-600-9816
서부교육지원청광산Wee센터	062-974-0078
- 경남	
거제교육지원청Wee센터	055-636-9673
거창교육지원청Wee센터	055-940-6191
고성교육지원청Wee센터	055-673-3801
김해교육지원청Wee센터	070-8767-7571
남해교육지원청Wee센터	055-864-3653
밀양교육지원청Wee센터	055-350-1494
사천교육지원청Wee센터	055-830-1544
산청교육지원청Wee센터	055-970-3037
양산교육지원청Wee센터	055-379-3053
의령교육지원청Wee센터	055-570-7131
진주교육지원청Wee센터	055-740-2091
창녕교육지원청Wee센터	055-530-3505
창원교육지원청Wee센터	055-210-0461
통영교육지원청Wee센터	055-650-8025
하동교육지원청Wee센터	055-880-1952

기관명	연락처
함안교육지원청Wee센터	055 – 580 – 8048
함양교육지원청Wee센터	055 – 960 – 2723
합천교육지원청Wee센터	055 – 930 – 7060
– 경북	
경산교육지원청Wee센터	053 – 810 – 7508
경주교육지원청Wee센터	054 – 743 – 7142
고령교육지원청Wee센터	054 – 950 – 2592
구미교육지원청Wee센터	054 – 465 – 6279
군위교육지원청Wee센터	054 – 380 – 8240
김천교육지원청Wee센터	054 – 420 – 5288
문경교육지원청Wee센터	054 – 550 – 5531
봉화교육지원청Wee센터	054 – 679 – 1790
상주교육지원청Wee센터	054 – 531 – 9940
성주교육지원청Wee센터	054 – 930 – 2075
안동교육지원청Wee센터	054 – 859 – 9501
영덕교육지원청Wee센터	054 – 730 – 8015
영양교육지원청Wee센터	054 – 680 – 2281
영주교육지원청Wee센터	054 – 630 – 4214
영천교육지원청Wee센터	054 – 330 – 2328
예천교육지원청Wee센터	054 – 650 – 2552
울릉교육지원청Wee센터	054 – 790 – 3032
울진교육지원청Wee센터	054 – 782 – 9915
의성교육지원청Wee센터	054 – 830 – 1125
청도교육지원청Wee센터	054 – 370 – 1122
청송교육지원청Wee센터	054 – 874 – 9360
칠곡교육지원청Wee센터	054 – 979 – 2129
포항교육지원청Wee센터	054 – 244 – 2090
– 대구	
경북Wee센터	053 – 326 – 9279
남부교육지원청Wee센터	053 – 234 – 0151
달성교육지원청Wee센터	053 – 235 – 0060
대구가톨릭Wee센터	053 – 654 – 1388
대동Wee센터	053 – 746 – 7380
동부교육지원청Wee센터	053 – 232 – 0022
동산Wee센터	053 – 431 – 0288

기관명	연락처
서부교육지원청Wee센터	053 – 233 – 0023
영남Wee센터	053 – 217 – 2323
– 세종	
세종시교육청 세종아람Wee 센터	044 – 715 – 7979
세종시교육청Wee센터	044 – 320 – 2470
– 강원	
강릉교육지원청Wee센터	033 – 640 – 1280
고성교육지원청Wee센터	033 – 680 – 6025
동해교육지원청Wee센터	033 – 530 – 3035
삼척교육지원청Wee센터	033 – 570 – 5104
속초양양교육지원청Wee센터	033 – 639 – 6054
양구교육지원청Wee센터	033 – 482 – 8753
영월교육지원청Wee센터	033 – 370 – 1133
원주교육지원청Wee센터	033 – 760 – 5691
인제교육지원청Wee센터	033 – 460 – 1005
정선교육지원청Wee센터	033 – 562 – 5877
철원교육지원청Wee센터	033 – 452 – 1007
춘천교육지원청Wee센터	033 – 259 – 1691
태백교육지원청 Wee센터	033 – 581 – 0804
평창교육지원청Wee센터	033 – 330 – 1794
홍천교육지원청Wee센터	033 – 433 – 9232
화천교육지원청Wee센터	033 – 441 – 9924
횡성교육지원청Wee센터	033 – 340 – 0382
– 부산	
남부교육지원청Wee센터	051 – 640 – 0205
동래교육지원청Wee센터	051 – 801 – 9190
북부교육지원청Wee센터	051 – 330 – 1361
서부교육지원청Wee센터	051 – 244 – 3266
해운대교육지원청Wee센터	051 – 709 – 0483
– 제주	
서귀포시교육지원청Wee센터	064 – 730 – 8181
제주시교육청Wee센터	064 – 754 – 1252

기관명	연락처
〈학교밖 청소년 지원센터〉 – 서울	
용산구 청소년지원센터 꿈드림	02–706–1318
중랑구 청소년지원센터 꿈드림	02–490–0222
강북구 청소년지원센터 꿈드림	02–6715–6665, 6667
도봉구 청소년지원센터 꿈드림	02–950–9646
서울특별시 청소년지원센터 꿈드림	02–2285–1318
노원구 청소년지원센터 꿈드림	02–2091–1388
광진구 청소년지원센터 꿈드림	02–2205–2300
성북구 청소년지원센터 꿈드림	02–3292–1780
동대문구 청소년지원센터 꿈드림	02–2237–1318
중구 청소년지원센터 꿈드림	02–2250–0543
성동구 청소년지원센터 꿈드림	02–2299–1388
은평구 청소년지원센터 꿈드림	02–384–1318
서대문구 청소년지원센터 꿈드림	02–3141–1388
마포구 청소년지원센터 꿈드림	02–3153–5900
강서구 청소년지원센터 꿈드림	02–3662–1388
구로구 청소년지원센터 꿈드림	02–863–1318
금천구 청소년지원센터 꿈드림	02–803–1873
영등포구 청소년지원센터 꿈드림	02–2637–1318
동작구 청소년지원센터 꿈드림	02–834–1358
관악구 청소년지원센터 꿈드림	02–877–9400
서초구 청소년지원센터 꿈드림	070–4858–1837~8
강남구 청소년지원센터 꿈드림	02–2226–8555
송파구 청소년지원센터 꿈드림	02–3402–1318
강동구 청소년지원센터 꿈드림	02–6252–1388
양천구 청소년지원센터 꿈드림	02–2645–1318
– 경기	
경기도 청소년지원센터 꿈드림	031–253–1519
고양시 청소년지원센터 꿈드림	031–970–4032
가평군 청소년지원센터 꿈드림	031–582–2000
과천시 청소년지원센터 꿈드림	02–2150–3991
광명시 청소년지원센터 꿈드림	02–6677–1318

기관명	연락처
광주시 청소년지원센터 꿈드림	031–760–8741
구리시 청소년지원센터 꿈드림	031–565–1388
군포시 청소년지원센터 꿈드림	031–399–1366
김포시 청소년지원센터 꿈드림	031–980–1691~6
남양주시 청소년지원센터 꿈드림	031–590–3951
동두천시 청소년지원센터 꿈드림	031–865–2000
부천시 청소년지원센터 꿈드림	032–325–3002
성남시 청소년지원센터 꿈드림	031–729–9171~6
수원시 청소년지원센터 꿈드림	031–236–1318
시흥시 청소년지원센터 꿈드림	031–318–7100
안산시 청소년지원센터 꿈드림	031–414–1318
안성시 청소년지원센터 꿈드림	070–7458–1311
안양시 청소년지원센터 꿈드림	031–8045–5012
양주시 청소년지원센터 꿈드림	031–8082–4121
양평군 청소년지원센터 꿈드림	031–775–1317
여주시 청소년지원센터 꿈드림	031–882–8889
오산시 청소년지원센터 꿈드림	031–372–4004
용인시 청소년지원센터 꿈드림	031–328–9840
의왕시 청소년지원센터 꿈드림	031–459–1334
의정부시 청소년지원센터 꿈드림	031–828–9571
이천시 청소년지원센터 꿈드림	031–634–2777
파주시 청소년지원센터 꿈드림	031–946–0022
평택시 청소년지원센터 꿈드림	031–692–1306~8
포천시 청소년지원센터 꿈드림	031–538–3398
하남시 청소년지원센터 꿈드림	031–790–6304~5
화성시 청소년지원센터 꿈드림	031–278–0179
– 인천	
인천광역시 청소년지원센터 꿈드림	032–721–2300
계양구 청소년지원센터 꿈드림	032–547–0853

기관명	연락처
미추홀구 청소년지원센터 꿈드림	032–868–9846~7
남동구 청소년지원센터 꿈드림	032–453–5877~8
동구 청소년지원센터 꿈드림	032–777–1383
연수구 청소년지원센터 꿈드림	032–822–9840~1
중구 청소년지원센터 꿈드림	032–765–1009
서구 청소년지원센터 꿈드림	032–584–1387
부평구 청소년지원센터 꿈드림	032–509–8916
– 충청북도	
충청북도 청소년지원센터 꿈드림	043–257–0105~6
청주시 청소년지원센터 꿈드림	043–223–0753
서청주 청소년지원센터 꿈드림	043–264–8807~8
충주시 청소년지원센터 꿈드림	043–842–2007
제천시 청소년지원센터 꿈드림	043–642–7949
괴산군 청소년지원센터 꿈드림	043–830–3828
단양군 청소년지원센터 꿈드림	043–421–8370
보은군 청소년지원센터 꿈드림	043–542–1388
영동군 청소년지원센터 꿈드림	043–744–5700
옥천군 청소년지원센터 꿈드림	043–731–1388
음성군 청소년지원센터 꿈드림	043–872–9024
증평군 청소년지원센터 꿈드림	043–835–4193
진천군 청소년지원센터 꿈드림	043 536 3430
– 충청남도	
충청남도 청소년지원센터 꿈드림	041–554–1380
천안시 청소년지원센터 꿈드림	041–523–1318
공주시 청소년지원센터 꿈드림	041–854–7942
보령시 청소년지원센터 꿈드림	041–935–1388
아산시 청소년지원센터 꿈드림	041–544–1388
서산시 청소년지원센터 꿈드림	041–669–2000
논산시 청소년지원센터 꿈드림	041–736–2041
계룡시 청소년지원센터 꿈드림	042–841–0343
당진시 청소년지원센터 꿈드림	041–360–6961

기관명	연락처
금산군 청소년지원센터 꿈드림	041–751–1383
서천군 청소년지원센터 꿈드림	041–953–4040
청양군 청소년지원센터 꿈드림	041–942–1387
홍성군 청소년지원센터 꿈드림	041–642–1388
예산군 청소년지원센터 꿈드림	041–335–1388
태안군 청소년지원센터 꿈드림	041–674–2800
– 대전	
대전광역시 청소년지원센터 꿈드림	042–222–1388
서구 청소년지원센터 꿈드림	042–527–1388
유성구 청소년지원센터 꿈드림	042–826–1388
– 세종	
세종특별시 청소년지원센터 꿈드림	044–868–1318
– 전라북도	
전라북도 청소년지원센터 꿈드림	063–273–1388
김제시 청소년지원센터 꿈드림	063–545–0112
정읍시 청소년지원센터 꿈드림	063–531–3000
전주시 청소년지원센터 꿈드림	063–227–1005
무주군 청소년지원센터 꿈드림	063–324–6688
완주군 청소년지원센터 꿈드림	063–291–3303
익산시 청소년지원센터 꿈드림	063–852–1388
군산시 청소년지원센터 꿈드림	063–468–2870
순창군 청소년지원센터 꿈드림	063–652–1388
남원시 청소년지원센터 꿈드림	063–633–1977
– 전라남도	
나주시 청소년지원센터 꿈드림	061–335–1388
전라남도 청소년지원센터 꿈드림	061–242–7474
목포시 청소년지원센터 꿈드림	061–284–0924
여수시 청소년지원센터 꿈드림	070–8824–1318
순천시 청소년지원센터 꿈드림	061–749–4236
광양시 청소년지원센터 꿈드림	061–795–7008
담양군 청소년지원센터 꿈드림	061–381–1382
곡성군 청소년지원센터 꿈드림	061–363–9586
보성군 청소년지원센터 꿈드림	061–853–1381

기관명	연락처
강진군 청소년지원센터 꿈드림	061－432－1388
해남군 청소년지원센터 꿈드림	061－537－1318
무안군 청소년지원센터 꿈드림	061－454－5285
함평군 청소년지원센터 꿈드림	061－323－9995
영광군 청소년지원센터 꿈드림	061－353－6188
장성군 청소년지원센터 꿈드림	061－393－1387
신안군 청소년지원센터 꿈드림	061－240－8703
－ 광주	
광주광역시 청소년지원센터 꿈드림	062－376－1324
동구 청소년지원센터 꿈드림	062－673－1318
서구 청소년지원센터 꿈드림	062－710－1388
남구 청소년지원센터 꿈드림	062－716－1324
북구 청소년지원센터 꿈드림	062－268－1318
광산구 청소년지원센터 꿈드림	062－951－1378
－ 경상북도	
칠곡군 청소년지원센터 꿈드림	054－971－0425
고령군 청소년지원센터 꿈드림	054－956－1320
봉화군 청소년지원센터 꿈드림	054－674－1318
경상북도 청소년지원센터 꿈드림	054－850－1003
포항시 청소년지원센터 꿈드림	054－240－9171
경주시 청소년지원센터 꿈드림	054－760－7744~5
김천시 청소년지원센터 꿈드림	054－431－2009
안동시 청소년지원센터 꿈드림	054－841－7937
구미시 청소년지원센터 꿈드림	054－472－2000, 1388
영주시 청소년지원센터 꿈드림	054－639－5865
영천시 청소년지원센터 꿈드림	054－338－2000
상주시 청소년지원센터 꿈드림	054－537－6723~4
문경시 청소년지원센터 꿈드림	054－550－6600
경산시 청소년지원센터 꿈드림	053－815－4106
울진군 청소년지원센터 꿈드림	054－789－5436

기관명	연락처
－ 경상남도	
창녕군 청소년지원센터 꿈드림	055－532－2000
창원시 마산 청소년지원센터 꿈드림	055－225－7293
경상남도 청소년지원센터 꿈드림	055－711－1336
창원시 청소년지원센터 꿈드림	055－225－3893~4
진주시 청소년지원센터 꿈드림	055－744－8484
통영시 청소년지원센터 꿈드림	055－644－2000
사천시 청소년지원센터 꿈드림	055－832－7942
김해시 청소년지원센터 꿈드림	055－324－9190
밀양시 청소년지원센터 꿈드림	055－352－0924
거제시 청소년지원센터 꿈드림	055－639－4980
양산시 청소년지원센터 꿈드림(본소)	055－372－2000
양산시 청소년지원센터 꿈드림(음상분소)	055－367－1318
의령군 청소년지원센터 꿈드림	055－573－1388
함안군 청소년지원센터 꿈드림	055－583－0921
고성군 청소년지원센터 꿈드림	055－670－2921
남해군 청소년지원센터 꿈드림	055－864－7962
하동군 청소년지원센터 꿈드림	055－884－3001
산청군 청소년지원센터 꿈드림	055－970－6591
함양군 청소년지원센터 꿈드림	055－963－7922
거창군 청소년지원센터 꿈드림	055－940－3969
합천군 청소년지원센터 꿈드림	055－930－3911
－ 대구	
대구광역시 청소년지원센터 꿈드림	053－431－1388~7
중구 청소년지원센터 꿈드림	053－422－2121
동구 청소년지원센터 꿈드림	053－963－9400
서구 청소년지원센터 꿈드림	053－216－8310
남구 청소년지원센터 꿈드림	053－652－5656
북구 청소년지원센터 꿈드림	053－384－6985
수성구 청소년지원센터 꿈드림	053－666－4205~6

기관명	연락처
달서구 청소년지원센터 꿈드림	053–592–1378
달성군 청소년지원센터 꿈드림	053–617–1388
– 강원도	
속초시 청소년지원센터 꿈드림	033–635–0924
강원도 청소년지원센터 꿈드림	033–257–9805
강릉시 청소년지원센터 꿈드림	033–655–1388
동해시 청소년지원센터 꿈드림	033–535–1038
영월군 청소년지원센터 꿈드림	033–375–1318
원주시 청소년지원센터 꿈드림	033–813–1318, 1319
정선군 청소년지원센터 꿈드림	033–591–1311
철원군 청소년지원센터 꿈드림	033–450–5388
홍천군 청소년지원센터 꿈드림	033–432–1386
춘천시청소년지원센터 꿈드림	033–818–1318
– 울산	
울산광역시 청소년지원센터 꿈드림	052–227–2000
남구 청소년지원센터 꿈드림	052–291–1388
동구 청소년지원센터 꿈드림	052–232–5900
울주군 청소년지원센터 꿈드림	052–229–9634 ~5
북구 청소년지원센터 꿈드림	052–283–1388
– 부산	
부산광역시 청소년지원센터 꿈드림	051–304–1318
강서구 청소년지원센터 꿈드림	051–972–4595
금정구 청소년지원센터 꿈드림	051–714–2079
기장군 청소년지원센터 꿈드림	051–792–4926 ~7
남구 청소년지원센터 꿈드림	051–621–4831
동래구 청소년지원센터 꿈드림	051–558–8833
부산진구 청소년지원센터 꿈드림	051–868–0950
북구 청소년지원센터 꿈드림	051–334–3003
사상구 청소년지원센터 꿈드림	051–316–2214
사하구 청소년지원센터 꿈드림	051–207–7179
서구 청소년지원센터 꿈드림	051–714–0701
수영구 청소년지원센터 꿈드림	051–759–8422
연제구 청소년지원센터 꿈드림	051–507–7658
영도구 청소년지원센터 꿈드림	051–405–5224
해운대구 청소년지원센터 꿈드림	051–715–1377 ~9
– 제주	
제주특별자치도 청소년지원센터 꿈드림	064–759–9951
제주시 청소년지원센터 꿈드림	064–725–7999
서귀포시 청소년지원센터 꿈드림	064–763–9191

노인 관련 기관

기관명	연락처
〈노인보호전문기관〉	
중앙	02－3667－1389
서울남부	02－3472－1389
서울북부	02－921－1389
경기남부	031－736－1389
경기서부	032－683－1389
경기북부	031－821－1461
인천	032－426－8792~4
충북	043－259－8120~2
충북북부	043－846－1380~2
충남	041－534－1389
충남남부	041－734－1388,1389
대구남부	053－472－1389
대구북부	053－357－1389
전북	063－273－1389
전북서부	063－443－1389
전남	061－753－1389
전남서부	061－281－2391
광주	062－655－4155~7
경북	054－248－1389
경북서북부	054－655－1389,1390
경북서남부	054－436－1390
경남	055－222－1389
경남서부	055－754－1389
대전	042－472－1389
강원도	033－253－1389
강원동부	033－655－1389
강원남부	033－744－1389
울산	052－265－1380,1389
부산동부	051－468－8850
부산서부	051－867－9119
제주	064－757－3400
제주서귀포시	064－763－1999
한국노인의전화	062－351－5070

건강가정 · 다문화가족지원센터

기관명	연락처
〈건강가정 · 다문화가족지원센터〉 – 서울	
강남구	02－3412－2222
강동구	02－471－0812, 02－473－4986
강북구	02－987－2567
강서구	02－2606－2017
관악구	02－883－9383, 02－883－9390
관악구(2센터)	
광진구	02－458－0622
구로구	02－830－0450
금천구	02－803－7747
노원구	02－979－3501
도봉구	02－995－6800
동대문구	02－957－0760
동작구	02－599－3301, 02－599－3260
마포구	02－3142－5482, 02－3142－5027
서대문구	02－322－7595
서울시	02－318－0227
서초구	02－576－2852
서초구(2센터)	
성동구	02－3395－9447
성북구	02－3290－1660, 02－922－3304
송파구	02－443－3844
양천구	02－2065－3400
영등포구	02－2678－2193
용산구	02－797－9184
은평구	02－376－3761
종로구	02－764－3524
중구	02－2279－3891
중랑구	02－435－4142
– 경기	
가평군	070－7510－5871

기관명	연락처
경기도	031－8008－8008
고양시	031－969－4041
과천시	02－503－0070
광명시	02－2615－0453
광주시	031－798－7137
구리시	031－556－3874
군포시	031－392－1811
김포시	031－996－5920
남양주시	031－556－8212
동두천시	031－863－3801, 031－863－3802
부천시	032－326－4212
성남시	031－755－9327
수원시	031－245－1310,1
시흥시	031－317－4522, 031－317－4524
안산시	031－501－0033
안성시	031－677－9336, 031－677－7191
안양시	031－8045－5572
양주시	031－858－5681
양평군	031－775－5957
여주시	031－886－0321
연천군	031－835－0093
오산시	031－378－9766, 031－372－1335
용인시	031－323－7131
의왕시	031－429－8931
의정부시	031－878－7117, 031－878－7880
이천시	031－637－5525
파주시	031－949－9161
평택시	031－615－3952
포천시	1577－9337, 031－532－2062
하남시	031－790－2966
화성시	031－267－8787
– 인천	
강화군	032－932－1005, 032－933－0980

기관명	연락처
계양구	032－547－1017
남동구	032－467－3904
미추홀구	032－875－2993
부평구	032－508－0121
연수구	032－851－2730
인천동구	032－760－4904
인천서구	032－569－1560
인천중구	032－763－9337
－ 충청북도	
괴산군	043－832－1078
음성군	043－873－8731
제천시	043－645－1995
증평군	043－835－3572
진천군	043－537－5435
청주시	043－263－1817
충주시	043－857－5960
－ 충청남도	
공주시	041－853－0881
금산군	041－750－3990
논산시	041－733－7800
당진시	041－360－3200
보령시	041－934－3133
서산시	041－664－2710
서천군	041－953－3808
아산시	041－548－9772
예산군	041－332－1366
천안시	070－7733－8300
태안군	041－670－2523, 041－670－2396
홍성군	041－631－9337
－ 대전	
대전서구	042－520－5928
대전시	042－252－9989, 042－932－9995
－ 세종	
세종시	044－862－9336
－ 전라북도	

기관명	연락처
군산시	063－443－5300
남원시	063－631－6700
무주군	063－322－1130
완주군	063－261－1033
익산시	063－838－6046
전주시	063－231－0182
정읍시	063－535－1283
－ 전라남도	
강진군	061－433－9004
곡성군	061－362－5411
광양시	061－797－6800
구례군	061－781－8003
나주시	061－331－0709
목포시	061－247－2311
보성군	061－852－2664
순천시	061－750－5353
여수시	061－659－4167
영광군	061－353－8880
영암군	061－463－2929
완도군	061－555－4100
장성군	061－393－5420
장흥군	061－864－4813
함평군	061－324－5431
해남군	061－534－0215, 061－534－0017
화순군	061－375－1057
－ 광주	
광산구	062－959－9337
광주남구	062－351－9337
광주동구	062－234－5790
광주북구	062－430－2963
광주서구	062－369－0072
－ 경상북도	
경산시	053－816－4071
구미시	054－443－0541
김천시	054－431－7740

기관명	연락처
상주시	054－531－3543
안동시	054－823－6008
영덕군	054－730－7373
영주시	054－634－5431
울릉군	054－791－0205
의성군	054－832－5440
청도군	054－373－8131
칠곡군	054－975－0833
포항시	054－244－9702
－ 경상남도	
경상남도	055－716－2363
김해시	055－329－6355
밀양시	055－351－4404~4407
사천시	055－832－0345
산청군	055－972－1018
양산시	055－382－0988
의령군	055－573－8400
진주시	055－749－5445
창녕군	055－533－1305
창원시	055－225－3951
창원시마산	055－244－8745
통영시	055－640－7741, 7742
하동군	055－880－6520
함양군	055－963－2057
－ 대구	
달서구	053－593－1511
달성군	053－636－7390
대구남구	053－471－2326, 053－475－2324
대구동구	053－961－2202
대구북구	053－327－2994, 053－327－2994
대구서구	053－355－8042, 053－341－8312
대구중구	053－431－1230
수성구	053－795－4300
－ 강원	
강릉시	033－648－3019

기관명	연락처
고성군	033－681－9333
동해시	033－535－8377, 033－535－8378
삼척시	033－576－0761
속초시	033－637－2680
양구군	033－481－8664
양양군	033－670－2943
영월군	033－375－8400
원주시	033－764－8612
인제군	033－462－3651
정선군	033－562－3458 033－563－3458
철원군	033－452－7800
춘천시	033－251－8014
태백시	033－554－4003
평창군	033－332－2063 033－332－2064
홍천군	033－433－1915
화천군	033－442－2342
횡성군	033－344－3458~9
－ 울산	
울산남구	052－274－3136
울산동구	052－232－3351
울산북구	052－286－0025
울산중구	052－248－1103
울주군	052－229－9600
－ 부산	
금정구	051－513－2131
부산동래구	051－506－5765
부산시	051－330－3406
부산진구	051－802－2900
사상구	051－328－0042
사하구	051－203－4588
수영구	051－758－3073
연제구	051－851－5002
영도구	051－414－9605

기관명	연락처
해운대구	051－782－7002
－ 제주	
서귀포시	064－760－6488
제주시	064－725－8005, 064－725－8015

알코올 · 중독 관련 기관

기관명	연락처
한국마약퇴치운동본부 (중앙본부)	02-2677-2245
한국도박문제관리센터	1336
한국마약퇴치운동본부 (중독재활센터)	02-2679-0436~7
〈알코올 전문 병원〉	
다사랑중앙병원	1544-2838, 031-340-5040, 5009
진병원	1577-1581
카프병원	031-810-9200
예사랑병원	1566-1308, 043-298-7337
주사랑병원	043-286-0692
한사랑병원	055-722-7000, 7004(상담)
다사랑병원	062-380-3800
〈중독관리 통합지원센터〉 - 서울	
강북구중독관리통합지원센터	02-989-9223
구로중독관리통합지원센터	02-2679-9353
노원구중독관리통합지원센터	02-2116-3677
도봉중독관리통합지원센터	02-6082-6793
- 경기도	
성남시중독관리통합지원센터	031-751-2768
수원시중독관리통합지원센터	031-256-9478
안산시중독관리통합지원센터	031-411-8445
안양시중독관리통합지원센터	031-464-0175
파주시중독관리통합지원센터	031-948-8004
화성시중독관리통합지원센터 (정남분소)	031-354-6614
화성시중독관리통합지원센터 (동탄분소)	
의정부시중독관리통합지원센터	031-829-5001

기관명	연락처
- 인천	
계양구중독관리통합지원센터	032-555-8765
부평구중독관리통합지원센터	032-507-3404
인천동구중독관리통합지원센터	032-764-1183
연수구중독관리통합지원센터	032-236-9477
인천남동구중독관리통합지원센터	032-468-6412
- 충정북도	
청주시중독관리통합지원센터	043-272-0067
- 충청남도	
아산시중독관리통합지원센터	041-537-3332
천안시중독관리통합지원센터	041-577-8097
- 대전	
대덕구중독관리통합지원센터	042-635-8275
대전서구중독관리통합지원센터	042-527-9125
대전동구중독관리통합지원센터	042-286-8275
- 전라북도	
군산시중독관리통합지원센터	063-464-0061
전주시중독관리통합지원센터	063-223-4567
- 전라남도	
목포시중독관리통합지원센터	061-284-9694
여수시중독관리통합지원센터	061-659-4255
- 광주	
광주서구중독관리센터	062-654-3802
광주북구중독관리센터	062-526-3370
광주동구중독관리센터	062-222-5666
광주남구중독관리통합지원센터	062-412-1461
광주광산구중독관리센터	062-714-1233
- 경상북도	
구미중독관리통합지원센터	054-474-9791

기관명	연락처
포항중독관리통합지원센터	054－270－4148
－ 경상남도	
김해중독관리통합지원센터	055－314－0317
마산중독관리통합지원센터	055－247－6994
진주중독관리통합지원센터	055－758－7801
창원중독관리통합지원센터	055－261－5011
－ 대구	
대구동부중독관리통합지원센터	053－957－8817
대구서부중독관리통합지원센터	053－638－8778
－ 강원도	
강릉시중독관리통합지원센터	033－653－9667~8
원주시중독관리통합지원센터	033－748－5119
춘천시중독관리통합지원센터	033－ 255－3482
－ 울산	
울산남구중독관리통합지원센터	052－275－1117
울산중구중독관리통합지원센터	052－245－9007
－ 부산	
부산중독관리통합지원센터	051－ 246－7574
부산북구중독관리통합지원센터	051－362－5482
사상구중독관리통합지원센터	051－988－1191
해운대중독관리통합지원센터	051－545－1172
－ 제주도	
제주중독관리통합지원센터	064－759－0911
제주서귀포중독관리통합지원센터	064－760－6037

범죄 피해 관련 기관

기관	연락처
법무부 인권구조과	02－2110－3263
대검 피해자인권과	02－3480－2303~5
검찰청(피해자지원실)	1577－2584
범죄피해자지원센터	1577－1295
스마일센터	02－472－1295
대한법률구조공단	132
한국가정법률상담소	1644－7077
법률홈닥터	02－2110－4253
경찰청(피해자지원경찰관)	182
경찰청(피해자보호 담당관실)	02－3150－2335
〈해바라기센터〉 － 서울	
서울북부해바라기센터(통합)	02－3390－4145
서울남부해바라기센터(통합)	02－870－1700
서울동부해바라기센터	02－3400－1700
서울해바라기센터(통합)	02－3672－0365
서울중부해바라기센터(통합)	02－2266－8276
서울해바라기센터(아동)	02－3274－1375
－ 경기도	
경기북서부해바라기센터(통합)	031－816－1375
경기서부해바라기센터	031－364－8117
경기북동부해바라기센터	031－874－3117
경기해바라기센터(아동)	031－708－1375
－ 인천	
인천해바라기센터(아동)	032－423－1375
인천동부해바라기센터	032－582－1170
인천북부해바라기센터	032－280－5678
－ 충청북도	
충북해바라기센터	043－272－7117
충북해바라기센터(아동)	043－857－1375
－ 충청남도	
충남해바라기센터	041－567－7117

기관	연락처
－ 대전	
대전해바라기센터(통합)	042－280－8436
－ 전라북도	
전북서부해바라기센터	063－859－1375
전북해바라기센터	063－278－0117
전북해바라기센터(아동)	063－246－1375
－ 전라남도	
전남서부해바라기센터(통합)	061－285－1375
전남동부해바라기센터	061－727－0117
－ 광주	
광주해바라기센터	062－225－3117
광주해바라기센터(아동)	062－232－1375
－ 경상북도	
경북서부해바라기센터	054－439－9600
경북북부해바라기센터	054－843－1117
경북동부해바라기센터(통합)	054－278－1375
－ 경상남도	
경남해바라기센터	055－245－8117
경남해바라기센터(아동)	055－754－1375
－ 대구	
대구해바라기센터	053－556－8117
대구해바라기센터(아동)	053－421－1375
－ 강원도	
강원동부해바라기센터(통합)	033－652－9840
강원서부해바라기센터(통합)	033－252－1375
－ 울산	
울산해바라기센터(통합)	052－265－1375
－ 부산	
부산해바라기센터(통합)	051－244－1375
부산동부해바라기센터	051－501－9117
－ 제주	
제주해바라기센터(통합)	064－749－5117

기관	연락처
〈스마일센터〉	
스마일센터총괄지원단	02－333－1295
서울동부스마일센터	02－473－1295
서울서부스마일센터	02－332－1295
부산스마일센터	051－582－1295
인천스마일센터	032－433－1295
광주스마일센터	062－417－1295
대구스마일센터	053－745－1295
대전스마일센터	042－526－1295
춘천스마일센터	033－255－1295
전주스마일센터	063－246－1295
수원스마일센터	031－235－1295
의정부스마일센터	031－841－1295
〈범죄피해자지원센터〉	
한국범죄피해자지원중앙센터 (강남구, 관악구, 동작구, 서초구, 종로구, 중구)	02－534－4901, 1577－1295(전국)
서울동부범죄피해자지원센터 (강동구, 광진구, 성동구, 송파구)	02－455－4954, 5005
서울남부범죄피해자지원센터 (강서구, 구로구, 금천구, 양천구, 영등포구)	02－2645－1301, 02－2644－1302
서울서부범죄피해자지원센터 (마포구, 서대문구, 용산구, 은평구)	02－3270－4504, 4505
서울북부범죄피해자지원센터 (강북구, 노원구, 도봉구, 동대문구, 성북구, 중랑구)	02－3399－4776
경기북부범죄피해자지원센터 (의정부시, 남양주시, 구리시, 동두천시, 양주시, 포천시, 연천군, 가평군, 철원군)	031－820－4678, 031－873－4678
고양 · 파주지역범죄피해자지원센터 (고양시, 파주시)	031－932－8291
부천 · 김포범죄피해자지원센터 (부천시, 김포시)	032－329－2580, 032－320－4671~2
수원지역범죄피해자지원센터 (수원시, 용인시, 오산시, 화성시)	031－210－4761, 031－211－0266
성남 · 광주 · 하남범죄피해자지원센터 (성남시, 광주시, 하남시)	031－715－0090, 031－736－1090
여주 · 이천 · 양평범죄피해자지원센터 (이천시, 여주시, 양평군)	031－885－1188, 031－880－4510
평택 · 안성 범죄피해자지원센터 (평택시, 안성시)	031－656－2828, 031－657－2828
안산 · 시흥 · 광명범죄피해자지원센터 (안산시, 시흥시, 광명시)	031－475－3310
안양지역범죄피해자지원센터 (안양시, 과천시, 군포시, 의왕시)	031－387－0050
인천범죄피해자지원센터 (강화군, 계양구, 남구, 동구, 부평구, 서구, 연수구, 옹진군, 중구)	032－868－4999
춘천지역범죄피해자지원센터 (춘천시, 인제군, 홍천군, 화천군, 양구군)	033－244－0335, 033－240－4505
강릉지역범죄피해자지원센터 (강릉시, 동해시, 삼척시)	033－641－4163, 033－660－4520
원주 · 횡성 범죄피해자지원센터 (원주시, 횡성군)	033－742－3100, 033－769－4618
속초지역범죄피해자지원센터 (속초시, 고성군, 양양군)	033－638－1111
영월지역범죄피해자지원센터 (태백시, 영월군, 평창군, 정선군)	033－375－9119
대전범죄피해자지원센터	042－472－0082,

기관	연락처
(대덕구,유성구,동구,서구,중구,세종특별자치시,금산군)	0282
홍성지역범죄피해자지원센터 (보령시,서천군,예산군,홍성군)	041－631－4915, 041－631－4911
공주·청양범죄피해자지원센터 (공주시,청양군)	041－856－2828, 041－840－4559
논산·부여·계룡범죄피해자지원센터 (논산시,계룡시,부여군)	041－745－2030
서산지역범죄피해자지원센터 (서산시,당진시,태안군)	041－660－4377, 041－667－7731
천안·아산범죄피해자지원센터 (아산시,천안시)	041－533－6090
청주범죄피해자지원센터 (청주시,청원군,보은군,괴산군,진천군,증평군)	043－288－0141, 043－299－4678
충주·음성 범죄피해자지원센터 (충주시,음성군)	043－856－2526, 043－841－4699
제천·단양 범죄피해자지원센터 (제천시,단양군)	043－643－1295, 043－648－1295
영동·옥천 범죄피해자지원센터 (영동군,옥천군)	043－742－3800, 043－740－4579
대구·경북 범죄피해자지원센터 (수성구,북구,중구,남구,동구,경산시,영천시,청도군,칠곡군)	053－752－4444, 053－740－4440
대구서부범죄피해자지원센터 (달서구,달성군,서구,성주군,고령군)	053－573－7400, 053－573－7401
경북북부범죄피해자지원센터 (안동시,영주시,봉화군)	054－854－7600, 054－852－7200
경주범죄피해자지원센터(경주시)	054－777－1295
포항범죄피해자지원센터 (포항시)	054－276－8112
김천지역범죄피해자지원센터	054－430－9091
구미지역범죄피해자지원센터	054－462－9090
상주·문경·예천범죄피해자지원센터 (상주시,문경시,예천군)	054－533－6047
의성·군위·청송범죄피해자지원센터 (의성군,군위군,청송군)	054－834－2820, 054－830－4548
영덕·울진·영양범죄피해자지원센터 (영덕군 울진군,영양군)	054－733－9495, 054－730－4979
부산범죄피해자지원센터 햇살 (금정구,동래구,연제구,부산진구,동구,영도구,중구)	051－558－8893~4
부산동부범죄피해자지원센터광명 (남구,수영구,해운대구,기장군)	051－781－1144, 051－780－4686
부산서부범죄피해자지원센터 (사상구,사하구,북구,강서구,서구)	051－205－4497
울산범죄피해자지원센터 (남구,동구,북구,울주군,중구, 양산시)	052－265－9004
경남범죄피해자지원센터 (창원시(성산구, 의창구, 진해구),김해시)	055－239－4579, 055－286－8286
진주지역범죄피해자지원센터 '등불' (진주시,사천시,남해군,하동군,산청군)	055－748－1301
통영·거제·고성범죄피해자지원센터 (거제시,통영시,고성군)	055－648－6200
밀양·창녕 범죄피해자지원	055－356－8272

기관	연락처
센터 (밀양시,창녕군)	
거창·합천·함양범죄피해자지원센터 (거창군,합천군,함양군)	055－945－2325
마산·함안·의령범죄피해자지원센터 (창원시마산합포구,함안군,창원시마산회원구,의령군)	055－242－6688
광주전남범죄피해자지원센터 (광산구,북구,서구,남구,동구,곡성군,담양군,장성군,영광군,화순군,나주시)	062－225－4752
〈(사)한국피해자지원협회〉	
(사)한국피해자지원협회 서울서부	02－351－9926
(사)한국피해자지원협회 서울남부	02－782－1002
(사)한국피해자지원협회 서울북부	02－908－0977
(사)한국피해자지원협회 경기동부	031－711－9278
(사)한국피해자지원협회 경기남부	031－211－7676
(사)한국피해자지원협회 경기북부	031－967－3238
(사)한국피해자지원협회 경기북서	031－902－6480
(사)한국피해자지원협회 인천	032－503－7179
(사)한국피해자지원협회 충북	043－224－9517
(사)한국피해자지원협회 충남	041－572－7004
(사)한국피해자지원협회 전남	061－284－0075
(사)한국피해자지원협회 전북	063－907－1112, 063－907－111

기관	연락처
(사)한국피해자지원협회 대전	042－628－9517
(사)한국피해자지원협회 강원	033－251－8840
(사)한국피해자지원협회 대구경북	053－421－8117
(사)한국피해자지원협회 경남울산	055－337－1525
(사)한국피해자지원협회 부산	051－999－7612

성폭력 관련 기관

기관명	연락처
〈전국 성폭력 상담소〉 – 서울	
한국성폭력상담소	02–338–5801
한국성폭력위기센터	02–883–9284~5
장애여성성폭력상담소	02–3013–1367
한사회장애인성폭력상담소	02–2658–1366
이레성폭력상담소	02–3281–1366
벧엘케어상담소	02–896–0401,08
가족과성건강아동청소년상담소	070–8128–1366
천주교성폭력상담소	02–825–1273
한국성폭력상담소	02–338–2890
한국여성민우회 성폭력상담소	02–739–8858
탁틴내일청소년성폭력상담소	02–338–8043
서울여성장애인성폭력상담소	02–3675–4465~6
한국여성의전화 성폭력상담소	02–3156–5400
꿈누리 여성장애인 상담소	02–902–3356
– 경기도	
(사)씨알여성회부설 성폭력상담소	031–797–7031
군포여성민우회성폭력상담소	031–397–8149
남양주가정과성상담소	031–558–1366
동두천성폭력상담소	031–861–5555
부천여성의전화부설 성폭력상담	032–328–9713
부천청소년성폭력상담소	031–655–1366
(사)경원사회복지회부설 여성장애인성폭력상담소	031–755–2526
(사)성남여성의전화부설 성폭력상담소	031–751–2050
안산YWCA 여성과 성 상담소	031–413–9414
안양여성의전화부설 성폭력상담소	031–442–5385
연천 행복뜰상담소	031–832–1315
용인성폭력상담소	031–281–1366
의왕장애인성폭력상담센터	031–462–1366

기관명	연락처
의정부장애인성폭력상담소	031–840–9204
파주성폭력상담소'함께'	031–946–2096
평택성폭력상담소	031–658–6614
포천가족성상담센터	031–542–3171
하남YWCA부설 성폭력상담소	031–796–1274
– 인천	
인구보건복지협회 인천성폭력상담소	032–451–4094
(사)인천장애인지적협회 장애인성폭력상담소	032–424–1366
오내친구장애인성폭력상담소(장애인)	032–506–5479
– 충청북도	
제천성폭력상담소	043–652–0049
청주여성의전화 청주성폭력상담소	043–252–0966
청주여성장애인성폭력상담소	043–224–9414
인구보건복지협회부설 청주성폭력상담소	043–264–1366
충주성폭력상담소	043–845–1366
– 충청남도	
뎀나무상담지원센터	041–852–1950
장애인성폭력아산상담소(장애인)	041–541–1514
아산가정성상담지원센터	041–546–9181
천안여성의전화부설 성폭력상담소	041–561–0303
(사)충남성폭력상담소	041–564–0026
천안장애인성폭력상담소	041–592–6500
태안군성인권상담센터	041–675–9536
홍성성가정폭력통합상담소	041–634–9949
– 대전	
동대전장애인성폭력상담소	042–637–1366
대전여성장애인성폭력상담소	042–223–8866

기관명	연락처
대전YWCA 성폭력상담소	042-254-3038
대전성폭력상담소	042-712-1367
- 전라북도	
군산성폭력상담소	063-442-1570
(사)성폭력예방치료센터 김제지부 성폭력상담소	063-546-8366
익산성폭력상담소	063-834-1366
새벽이슬장애인성폭력상담소	063-223-3015
(사)성폭력예방치료센터부설 성폭력상담소	063-236-0152
(사)성폭력예방치료센터 정읍지부 성폭력상담소	063-531-1366
- 광주	
인구보건복지협회 광주성폭력상담소	062-673-1366
광주여성장애인성폭력상담소	062-654-1366
광주여성민우회 성폭력상담소	062-521-1361
- 경상북도	
새경산성폭력상담소	053-814-1318
경산로뎀성폭력상담소	053-853-5276
경주다움성폭력상담센터	054-777-1366
구미여성종합상담소(통합)	054-463-1386
영남여성장애인성폭력상담소	054-443-1365
문경열린종합상담소(통합)	054-555-8207
필그림가정복지상담소(통합)	054-534-9996
경북여성장애인성폭력상담소	054-843-1366
(사)칠곡종합상담센터(통합)	054-973-8290
(사)한마음부설 한마음상담소	054-278-4330
- 대구	
(사)대구여성의전화부설 성폭력상담소	053-471-6484
인구보건복지협회 대구경북지회 성폭력상담소	053-566-1900
- 강원도	
동해가성폭력·성폭력상담소	033-535-4943
(사)속초여성인권센터 속초성	033-637-1988

기관명	연락처
폭력상담소	
영월성폭력상담소	033-375-1366
아라리가족성상담소	033-563-8666
- 울산	
울산장애인인권복지협회부설 울산장애인성폭력상담센터	052-246-1368
울산성폭력상담소	052-245-1366
- 부산	
기장열린성가정상담소	051-531-1366
부산장애인연대부설 성폭력상담소	051-583-7735
인구보건복지협회 성폭력상담소	051-624-5584
다함께 성·가정상담센터	051-357-1377
〈전국 가정폭력상담소〉 - 서울	
강서양천가정폭력상담소	02-2605-8455
월계우리가족상담소	02-904-0179
동산가정폭력상담소	02-599-7646
(사)한국여성상담센터	02-953-1704
잠실가정폭력상담소	02-2202-7806
남성의전화부설 서울가정폭력상담센터	02-2653-1366
은평가정폭력상담소	02-326-1366
한국가정법률상담소 중구지부부설 가정폭력상담소	02-2238-6551
- 경기도	
고양YWCA가족사랑상담소	031-919-4040
광명여성의전화 부설 가정폭력상담소	02-2060-0245
(사)가화가족상담센터	031-551-9976
(사)김포여성의전화부설 가정폭력상담소	031-986-0136
부천가정폭력상담소	032-667-2314
사난법인 수원여성의전화 부설 성·가정폭력통합상담소	031-232-7795

기관명	연락처
시흥여성의전화부설 가정폭력상담소	031－496－9391
경기가정폭력상담소	031－419－1366
안양YWCA가정폭력상담소	031－427－1366
양주가정폭력상담소	031－8647546
양평가정상담소	031－775－4983
행가래로 의왕가정,성상담소	031－459－1311
경기북부가정문제상담소	031－876－7544
이천가정성상담소	031－638－7200
한국가정법률상담소 평택안성지부부설가정폭력상담소	031－611－4252
(사)정해복지부설 하남행복한가정상담소	031－794－4111
－ 인천	
(사)인천내일을여는집 가족상담소	032－543－7179
중구가정폭력상담소	032－761－7070
－ 충청북도	
음성가정(성)폭력상담소	043－873－1330
청주가정법률상담소 부설 가정폭력상담소	043－257－0088
청주YWCA여성종합상담소	043－268－3007
충주YWCA가정폭력상담소	043－842－9888
－ 충청남도	
주시가족상담센터	041－854－1366
논산YWCA가정폭력상담소	041－736－8297
대천가족성통합상담센터	041－936－7941
서산가족상담지원센터	041－668－8566
가족성장상담소남성의소리	041－572－0115
－ 대전	
대전가톨릭가정폭력상담소	042－636－2036
대전열린가정폭력상담소	042－625－5441
－ 전라북도	
군산여성의전화부설가정폭력상담소	063－445－2285
남원YWCA가정폭력상담소	063－625－1318

기관명	연락처
한국가정법률상담소익산지부부설가정폭력상담소	063－851－5113
익산여성의전화부설가정폭력상담소	063－858－9191
전주가정폭력상담소	063－244－0227
전주여성의전화부설 가정폭력상담소	063－287－7325
정읍가정폭력상담소	063－535－8223
－ 전라남도	
광양여성상담센터	061－761－1254
목포여성상담센터	061－285－1366
무안열린가정상담센터	061－454－1365
순천여성상담센터	061－753－9900
여수여성상담센터	061－654－5211
영광여성상담센터	061－352－1322
영암행복한가정상담센터	061－461－1366
함평열린가정상담센터	061－324－1366
－ 광주	
송광한가족상담센터	062－452－1366
광주YWCA가정상담센터	062－672－1355
광주장애인가정상담소	062－654－0420
광주여성의전화부설 광주여성인권상담소	062－363－7739
－ 경상북도	
경산가정폭력상담소	053－814－9191
성주가정폭력상담소	053－749－1366
상주가정문제상담소	054－541－6116
안동가정법률상담소부설가정폭력상담소	054－856－4200
영주소백가정상담센터	054－638－1366
포항YWCA가정폭력상담소	054－277－5418
(사)포항여성회부설경북여성통합상담소	054－284－0404
포항로뎀나무가정문제상담소	054－262－3554
포항생명의전화부설가정폭력상담소	054－242－0015

기관명	연락처
- 경상남도	
(사)거제가정상담센터	055-633-7636
고성가족상담소	055-673-2911
(사)김해여성회부설 가정폭력 상담소	055-326-6253
양산가족상담센터	055-362-1366
진주가정폭력상담소	055-746-7988
마산가정상담센터	055-296-9126
진해가정상담센터	055-551-2332
- 대구	
대구여성장애인통합상담소	053-637-6057, 6058
영남가정폭력상담소	053-953-2866
대구이주여성상담소	053-944-2977
대구여성폭력통합상담소	053-745-4501
- 강원도	
사)강릉여성의전화 부설 해솔 상담소	033-643-1982, 5
강릉가정폭력성폭력상담소	033-652-9556, 9930
속초YWCA가정폭력상담소	033-635-3520
원주가정폭력성폭력상담소	033-765-1366
철원가정폭력상담소	033-452-1566
춘천가정폭력성폭력상담소	033-257-4687
태백가정폭력상담소	033-554-4005
홍천가족상담소	033-433-1367
행복만들기상담소	033-344-1366
- 울산	
생명의전화울산지부부설가정 · 성폭력통합상담소	052-265-5570
동구가정성폭력통합상담소	052-252-6778
(사)울산여성회부설북구가정 폭력상담소	052-287-1364
- 부산	
희망의전화 가정폭력상담소	051-623-1488, 1399

기관명	연락처
(사)부산가정법률상담소 부설 가정폭력관련상담소	051-469-2987
부산성폭력.가정폭력상담소	051-558-8833~4
(사)부산여성의전화성 · 가정 폭력상담센터	051-817-4344
여권문화인권센터 가정폭력 상담소	051-363-3838
사하가정폭력상담소	051-205-8296
중부산가정폭력상담소	051-462-7177
〈성매매피해상담소〉 - 서울	
여성인권상담소 소냐의 집	02-474-0746
성매매피해상담소 이룸	02-953-6280
에이레네 상담소	02-3394-7936
다시함께상담센터	02-814-3660
여성인권센터 보다	02-982-0923
십대여성인권센터	02-6348-1318
- 경기도	
성매매피해상담소 위드어스	031-747-0117
어깨동무	031-222-0122
두레방	031-841-2609
여성인권센터 쉬고	031-948-8030 031-957-6117
- 충청북도	
충북여성인권상담소 늘봄	043-255-8297 043-257-8297
- 충청남도	
충남여성인권상담센터	041-575-1366
- 대전	
여성인권지원상담소 느티나무	042-223-3534
- 전라북도	
현장상담센터	063-232-8297
- 전라남도	
목포여성인권지원센터	061-276-8297
순천여성인권지원센터	061-753-3644, 3654

기관명	연락처
여수여성인권지원센터 새날지기	061－662－8297
－ 광주	
성매매피해상담소 언니네	062－232－8297
－ 경상북도	
경북성매매상담센터 새날	054－231－1402
－ 경상남도	
경남여성인권지원센터	055－246－8298
여성인권상담소	055－273－2261
－ 대구	
힘내	053－422－4898 053－425－4898
민들레	053－430－6011
－ 강원도	
춘천길잡이의 집	033－242－8296
－ 울산	
울산성매매피해상담소	052－249－8297
－ 부산	
여성인권지원센터 살림	051－257－8297
부산여성지원센터 꿈아리	051－816－1366 051－817－8297
－ 제주	
제주현장상담센터 해냄	064－751－8297

저자 소개

육성필
고려대학교에서 심리학 석사를 마치고 서울대학교 정신과에서 임상심리학 레지던트과정을 수료하고 고려대학교에서 임상심리학 박사를 받았다. 로체스터대학교의 자살예방연구소에서 박사후 과정을 하였다. 현재 용문상담심리대학원대학교 위기관리전공 교수로 재직 중이다.

김경아
용문상담심리대학원대학교에서 위기관리전공 석사와 박사 과정을 졸업하였다. 현재 한국위기관리심리지원연구소 연구원으로 재직 중이다.

위기관리총서 시리즈 1 -현장에서의 위기개입워크북

스트레스의 이해와 개입

초판발행 2019년 2월 25일

지은이 육성필 · 김경아
펴낸이 노 현

편 집 김명희 · 강민정
기획/마케팅 노 현
표지디자인 조아라
제 작 우인도 · 고철민

펴낸곳 ㈜ 피와이메이트
서울특별시 금천구 가산디지털2로 53 한라시그마밸리 210호(가산동)
등록 2014. 2. 12. 제2018-000080호
전 화 02)733-6771
f a x 02)736-4818
e-mail pys@pybook.co.kr
homepage www.pybook.co.kr
ISBN 979-11-89643-10-2 94370
979-11-89643-09-6 (세트)

정 가 13,000원

박영스토리는 박영사와 함께하는 브랜드입니다.